Aurora Bertrana

I0576444

Viento de Grop

Traducción & Edición Crítica
Sílvia Roig

- STOCKCERO -

Spanish translation, foreword, bibliography & notes © Silvia Roig — BMCC-The City University of New York.
Of this edition © Stockcero 2020
1st. Stockcero edition: 2020

ISBN: 978-1-949938-04-3

Library of Congress Control Number: 2019956063

Set in Linotype Granjon font family typeface
Printed in the United States of America on acid-free paper.

Published by Stockcero, Inc.
3785 N.W. 82nd Avenue
Doral, FL 33166
USA
stockcero@stockcero.com

www.stockcero.com

Aurora Bertrana

VIENTO DE GROP

Agradecimientos

A Oriol Ponsatí y a las herederas de Aurora Bertrana por haber estimulado este proyecto y haber colaborado en el proceso burocrático en todo momento. También a Pablo Agrest por su apoyo y buenos consejos editoriales.

Índice

Dosier pedagógico

INTRODUCCIÓN

AURORA BERTRANA, UNA PERSONALIDAD INSÓLITA EN LAS LETRAS CATALANAS

Aurora Bertrana (Gerona, 1892 –Berga, 1974) fue una mujer atípica y poco convencional para su época sobre todo por su forma de pensar, su vida aventurera e independiente. Desde pequeña tuvo un fuerte interés por la literatura. A los seis años escribió su primer poema en catalán y a los diez redactó un cuento sobre animales, el cual supuso su primera frustración debido a la severidad y al poco cuidado con que su padre juzgó su relato, calificándolo injustamente de malo y de haberlo copiado (Memòries fins al 1935 115). Sus padres, Neus Salazar y el reconocido escritor catalán Prudenci Bertrana (1867–1941)[1], orientaron su educación hacia la música. Querían evitar que su hija se dedicara a la literatura para que no sufriera tanto como él. La vida de Prudenci como escritor estuvo marcada por las dificultades económicas, las discrepancias con la crítica y los problemas por encontrar editores interesados en publicar sus obras; al menos hasta que consiguió hacerse un lugar destacado en el mundo literario. El hecho de ser mujer e hija de un reconocido escritor también eran motivos suficientes para que su familia intentara apartarla del mundo literario. Durante la época no estaba bien visto que la mujer se dedicara a escribir.

Bertrana empezó sus clases de cello en Gerona con Tomàs Sobrequés[2], uno de los mejores profesores de la provincia. Guiados por

---

1 Prudenci Bertrana fue un escritor catalán modernista de principios del siglo XX. Destacó por su estilo, su forma de pensar y por su actitud contraria a las propuestas filosóficas y estéticas de los noucentistes de la época. Desde 1968, en Cataluña existe un premio a la mejor novela que lleva su nombre, y es considerado uno de los más prestigiosos galardones literarios en prosa catalana. Logró hacerse un lugar destacado en el mundo de las letras con diferentes géneros: novelas, narrativa breve y teatro.

2 Tomàs Sobrequés Masbernat (Gerona, 1878 – 1945) fue un violonchelista, pedagogo

los consejos de Sobrequés los padres de Bertrana permitieron que a los 18 años, su hija se desplazara dos veces por semana a Barcelona para perfeccionar sus conocimientos y aprovechar las grandes oportunidades de la gran ciudad. Esto supuso un gran escándalo para la familia (Bonnín 51). La gente de Gerona no veía con buenos ojos que una adolescente viajara sola a la gran ciudad y que además sus padres lo consintieran. Afortunadamente estos prejuicios no fueron suficientes para impedir las aspiraciones de Bertrana, ya que al poco tiempo, Bertrana se instaló en la ciudad condal bajo la protección de la escritora y feminista Carme Karr (1865-1943), para completar sus estudios en la Escuela Municipal de Música. En 1923 viajó a Ginebra y se inscribió en el Insituto Dalcroze donde tomó clases de música, pero abandonó sus estudios debido a las dificultades económicas y a las discrepancias con dicha institución. A pesar de su fracaso en el Instituto Dalcroze, sus experiencias en Suiza además de enriquecer su vida, marcaron a Bertrana para siempre, intensificando su personalidad independiente y cosmopolita, cada vez más alejada de las coordenadas de la burguesía catalana. En la ciudad helvética conoció a gente interesante. Empezó a publicar sus primeros textos en *La Veu de Catalunya*, los cuales tuvieron mucho éxito, y fundó la primera banda de jazz femenina en Europa.

El 30 de mayo de 1925 contrajo matrimonio en Barcelona con el ingeniero suizo Denys Choffat y al poco tiempo ambos viajaron a la Polinesia porque una empresa contrató a Choffat para edificar una central eléctrica en Tahití. Allí vivieron 3 años y durante su estancia, Bertrana recorrió las islas y escribió sobre sus vivencias en una serie de crónicas que publicó en la revista *D'Ací i d'Allà*. Cuando regresó a Cataluña en 1929 re-editó sus artículos y los publicó en forma de novela de viajes con el título *Paradisos oceànics* (1930). La obra fue todo un éxito y supuso su primer reconocimiento literario como escritora. Otras obras que publicó sobre la Polinesia son *Peikea: princesa caníbal i altres contes oceànics* (1934), *Ariatea* (1960) y *L'illa perduda* (1935), ésta última la escribió a medias con su padre.

Gran parte de la producción literaria de Bertrana se centra en el viaje o se relaciona con él. Después de viajar sola a Marruecos en 1935 Bertrana publicó *El Marroc sensual i fanàtic* (1936) donde explora la vida

---

musical y promotor de gran nombre de iniciativas musicales en Gerona durante la primera mitad del siglo XX.

marroquí y se centra en la forma de vivir de las mujeres musulmanas en los pueblos y en las ciudades más importantes del norte de África. Sus obras «El pomell de violes» (1956), *La aldea sin hombres* (mn.)[3], *Tres presoners* (1957) y *La madrecita de los cerdos* (mn). las escribió durante el exilio en Ginebra. Los textos se basan en el drama personal de las mujeres de Etobon (en la Haute-Saône, Francia) y en la participación del colectivo femenino durante la II Guerra Mundial (1939-1945). La vivencia de la posguerra en Suiza y sus visitas a los campos de refugiados y prisioneros son el hilo temático en dichas obras. Estos temas posteriormente los amplia con todo detalle en el segundo volumen de sus memorias, *Memòries del 1935 fins al retorn a Catalunya* (1975).

Bertrana nunca dejó de escribir. Cuando regresó a Barcelona en 1949, la autora se encontró con un ambiente hostil y represivo debido a la dictadura franquista (1939-1975). La situación de los escritores en general en España era lamentable, pero aún era peor para las mujeres, sobre todo en Cataluña. La autora sabía que su regreso a España no iba a ser fácil, pero decidió renunciar al medio intelectual y social que le ofrecía Suiza para estar cerca de la familia. Durante la posguerra, la profesionalización de las escritoras era prácticamente imposible y las posibilidades que tenían de publicar eran mínimas. Aún así, Bertrana consiguió publicar, y en catalán, *Camins de somni* (1955), *La nimfa d'argila* (1959), *Fracàs* (1966), *Vent de grop* (1967) y *La ciutat dels joves: reportatge fantasia* (1971). También escribió *L'inefable Philip* pero nunca se publicó. Unos editores consideraron que la novela era un escándalo, ya que trata la homosexualidad y la libertad sexual, pero otros como Joan Oliver, el director y editor catalán de *El club dels novel.listes* consideraron que el tratamiento del tema no era suficientemente erótico y que las referencias sexuales tenían que ser más explícitas y concretas (Bonnín 211).

Aurora Bertrana falleció en 1975 en Berga y tras ella dejó una personalidad insólita en las letras catalanas y una obra con gran riqueza intelectual. Su carácter cosmopolita y sus reflexiones alejadas de la moral imperante además de escandalizar a la sociedad del momento muestran el compromiso social y cultural de la autora, y su ideología feminista aunque nunca admitiera formar parte de dicho movimiento. Su carácter independiente, su originalidad y habilidad

---

3 Todos los manuscritos de Bertrana pueden consultarse en la página web del Fons Bertrana de la Universidad de Gerona (UDG) www.dugifonsespecials.udg.edu.

de experimentar con diferentes géneros literarios –ensayo, crónica, novela, cuento, reportaje, autobiografía y Bildungsroman–, hacen de Bertrana una escritora muy particular y avanzada para su época.

LAS ESCRITORAS A PRINCIPIOS DEL SIGLO XX.

Para gran parte de la sociedad ilustrada catalana y española del siglo XX todavía no estaba bien visto que una mujer se dedicara a la literatura y tan sólo algunas autoras, como es el caso de Caterina Albert, conocida literariamente como Víctor Català (1869-1966) o Emilia Pardo Bazán (1851-1921), lograban publicar sus textos y ser reconocidas como escritoras. La literatura era un espacio dominado por los hombres y no fue hasta más tarde que la mujer impuso lentamente su derecho a escribir. Las escritoras no encontraron prohibiciones concretas o legales que las incapacitaran para desarrollar su labor, pero sí falsas amabilidades y resistencias irónicas tanto de tipo social como político. Hasta principios del siglo XX hacerse un hueco en el mundo literario era casi imposible para la mujer. Como explican los estudios de Juan Pedro Gabino, Begoña Sáez Martínez y Concha Roldán en *La mujer de letras o la letraherida* (2008)[4], en España persistía la idea de que la mujer nacía desprovista de creatividad y sabiduría, y que debido a su génesis instintiva sólo era capaz de escribir textos sencillos, triviales y emotivos (17). La situación socio-cultural de la época condicionaba la escritura de las mujeres y la sociedad desarrollaba estrategias elusivas de exclusión y marginación. Al ser la literatura un espacio fuertemente controlado por los hombres, gran parte de escritoras que conseguían publicar y destacar en el mundo literario utilizaron un pseudónimo masculino para que sus obras fueran valoradas y reconocidas púbicamente. Este fue el caso de la escritora catalana mencionada anteriormente, Caterina Albert, quien publicó sus obras como Víctor Català, o el de María de la O Lejárraga y García

---

4   Juan Pedro Gabino ofrece un estudio diacrónico en torno a la lexicografía decimonónica empleada para definir a la mujer ilustrada y reflexionar sobre las valoraciones negativas que subyacen en algunos términos como marisabidilla, letrada, erudita o cursi. Estas observaciones son ampliadas por Begoña Sáez, quien indaga en el discurso crítico sobre la mujer escritora y señala la polémica que generó la irrupción de la mujer en las academias literarias. Concha Rodán acuña el término la escritura robada para explicar la exclusión de la mujer decimonónica de las fuentes de la cultura y la lucha femenina durante la época para formar parte del saber intelectual.

(1874-1974), quien se ocultó bajo el nombre de su esposo Gregorio Martínez Sierra[5]. Esta situación empezó a cambiar con la generación de Aurora Bertrana, que comenzó a publicar entre 1918 y 1936[6].

En Cataluña, después de las sucesivas crisis de la novela[7], la prosa alcanzó un protagonismo de primer orden entre los años 1925 y 1939, y las escritoras como Aurora Bertrana que se habían visto afectadas por el movimiento anti-novela, empezaron a publicar y a ser reconocidas en los círculos literarios. Tanto Bertrana como Rodoreda, Arquimbau, Lewi, Montoriol, Murià y Vernet formaron parte de una generación de mujeres novelistas plenamente profesionales y capacitadas para triunfar en la literatura. Eran escritoras jóvenes llenas de vitalidad, cultas, con estudios universitarios, cosmopolitas, y con deseos de romper con la vida tradicional y vivir independientemente y dedicarse a escribir. A estas autoras se las suele calificar como autoras modernas por su forma de ser y porque en sus obras aportan un punto de vista feminista muy distinto al de las autoras predecesoras (Real Mercadal «Les narradores catalanes del segle XX» 72). La mayoría pertenecen a la clase media y a la pequeña burguesía catalana y publican un nombre considerable de obras. Bertrana era una mujer comprometida con los proyectos catalanes de los círculos intelectuales más progresistas de la época y participaba activamente para materializarlos. La autora fue de las pocas que consiguió abrirse camino en el campo de la política, militó en partidos e intervino en campañas electorales en función de sus intereses culturales y políticos[8].

---

5   Este es uno de los casos más inusitados de la literatura española, ya que todo el reconocimiento del trabajo literario de María fue otorgado a su esposo, y aún hoy existen críticos que discuten la verdadera autoría de las obras (Arranz 27).

6   Algunas escritoras catalanas de la generación de Bertrana que empiezan a escribir durante dicho periodo son: Carme Monturiol (1893-1966), Paulina Crusat (1900-1981), Anna Murià (1904-2002), Maria Teresa Vernet (1907-1974), Mercè Rodoreda (1909-1983), Rosa M. Arquimbau (1910-1992), Elvira Augusta Lewi (1910-1970), Liberata Masoliver (1911-2004), Cèlia Viñas (1915-1954).

7   Según Alan Yates los noucentistes, que cultivaban la poesía, consideraron que la prosa iba en contra de sus proyectos culturales y políticos reformistas, ya que su aspiración era crear un país ideal para Cataluña y no podía ser representado en la literatura con un género como la novela porque una de las características de la prosa es que pone de manifiesto la dimensión social, los vicios y el caos de una cultura. Por eso, acordaron que la novela no era posible hasta que hubieran alcanzado sus objetivos, hubieran reformado el país y renovado dicho género (110). De este modo, se excluyó la narrativa del mercado literario y se marginó a los novelistas (113).

8   Aurora Bertrana fue candidata de ERC (Esquerra Republicana de Catalunya) [Izquierda Republicana de Cataluña] en las elecciones de 1933. Aunque no salió elegida y su militancia en el partido fue breve, Bertrana protagonizó varios discursos electorales en los que reivindicaba el comportamiento político diferencial de las mujeres y defendía la influencia positiva de las mujeres en la política para conseguir una mayor humanización en el ámbito político.

Esto demuestra que durante la II República la imagen de la mujer escritora poco a poco iba cambiando y que el protagonismo del colectivo femenino se iba normalizando en el espacio público.

Gran parte de las mujeres ilustradas catalanas como Bertrana lideraron asociaciones y trabajaron en actividades culturales orientadas a promocionar la educación femenina en Cataluña. En 1931 la autora participó en la fundación del Lyceum Club en Barcelona, del que ella fue la primera presidenta. En este centro cultural ofrecían cursos, conciertos, exposiciones, lecturas de obras literarias, etc.; organizaban charlas sobre arte, literatura y música, se daban conferencias donde discutían temas relacionados con la situación de la mujer y se proponían reformas para mejorar el marco legal del sector femenino. Esta organización tomaba como ejemplo el Lyceum Club de Londres fundado en 1904 con la finalidad de sacar a la mujer del hogar[9], ofrecerle una educación e involucrarla en las actividades culturales. De este modo las mujeres participaban en la esfera pública y podían llevar una vida activa fuera del espacio doméstico igual que los hombres (Capmany, *El feminisme a Catalunya* 76). Lo más importante de estas entidades como el Lyceum Club es que sirvieron para que las mujeres salieran del hogar, se reunieran, establecieran contactos e intercambiaran opiniones, ideas y experiencias. Así las mujeres pudieron darse cuenta de que muchos de los problemas que allí se discutían y se planteaban no eran individuales sino colectivos y de género.

Más adelante Bertrana rechazó las asociaciones y los clubs femeninos como el Lyceum Club después de haber formado parte de ellos, porque estos lugares, según la autora, se minaron gradualmente de un ambiente burgués, clasista e inútil (*Memòries fins al 1935* 757). Bertrana dimitió del Lyceum Club al poco tiempo de formar parte de él porque las actividades allí propuestas no se correspondían en nada con su forma de pensar y porque no obtuvo el apoyo que buscaba para sacar adelante su proyecto: la creación de una Universidad Obrera Femenina. Las socias burguesas del Lyceum Club centraban sus reuniones en tertulias «amables [i] a lluir les seves habilitats particulars: musicals, poètiques, sociològiques, amb un èxit assegurat perquè les aplaudidores d'avui serien les aplaudidores de demà» (757).[10] A dife-

---

9   Según Capmany en El feminisme a Catalunya (1973), el Lyceum Club de Londres originalmente se llamaba Picneer Club y fue fundado por Mrs Massing (76).

10 amables [y] a lucir sus habilidades particulares: musicales, poéticas, sociológicas, con un éxito asegurado porque las aplaudidas de hoy serían las aplaudidas de mañana.

rencia de las demás socias burguesas, Bertrana era una mujer intrépida y verdaderamente comprometida con la mujer de las clases sociales bajas y con la cultura y esperaba una participación seria del colectivo femenino en el mundo intelectual, social y político de la época. Consideraba imprescindible la instrucción de la mujer de las clases obreras y burguesas con el objetivo de dotarlas con los instrumentos necesarios para ejercer de críticas del mundo y lograr la independencia económica mediante un trabajo cualificado y remunerado. Es más, según afirma la autora en su ensayo «La dona y la política» publicado en La Humanitat el 5 de noviembre de 1933, la mujer necesitaba estar preparada para intervenir en los asuntos sociales y políticos, luchar por sus derechos y dar «una empenta i una saba noves, vigoritzant el nervi de la política masculina, ja vell, cansat i un xic rutinari» (*Aurora Bertrana, periodista dels anys vint i trenta. Selecció de textos* 102)[11].

Paralelamente, durante este mismo periodo, la participación de Bertrana y las escritoras de su generación en los periódicos y las revistas de la época también fue creciendo. Aurora Bertrana colaboró en *D'Ací i d'Allà*, el *Mirador, L'Opinió, La Nau, La Publicitat, La Veu de Catalunya, El Dia de Palma de Mallorca* y *La Humanitat*, entre otros[12], fundó y dirigió junto con Carme Nicolau una revista llamada *La Novel.la Femenina* en 1937 y en el mismo año trabajó como redactora en el semanario *Companya* dirigido por Elisa Uriz, en el que también colaboraban Carme Montoriol, Anna Murià, Mercè Rodoreda y Maria Teresa Vernet. Además, constantemente daba conferencias en los centros intelectuales y participaba en actividades socioculturales donde se intercambiaban opiniones y Bertrana exponía con contundencia su punto de vista con respecto a asuntos sociales, culturales, políticos y de géreno (*Aurora Bertrana, periodista dels anys vint i trenta* 17-23).

Es evidente que Aurora Bertrana vivió y escribió en un contexto social más permisivo que antes, al menos en apariencia, pues las escritoras todavía luchaban por ver reconocidas sus obras y la mujer seguía ocupando un lugar inferior con respecto al hombre[13]. No obs-

---

11   un empuje y una savia nuevas, vigorizando el nervio de la política masculina, ya viejo, cansado y un poco rutinario.

12   Ver el estudio *Aurora Bertrana, periodista dels anys vint i trenta* (2007) de Neus Real Mercadal donde la autora ofrece una selección de los textos periodísticos y artículos de opinión que Bertrana publicó durante la época.

13   Por ejemplo, aún estaba mal visto que la mujer trabajara fuera del hogar y en los pro-

tante, a partir de la II República el nuevo marco legislativo significó una ruptura con respecto a la sociedad española y catalana anterior a 1931 y las mujeres lograron libertades y derechos impensables hasta el momento. Algunas leyes como la del derecho al voto femenino en el año 1931, la concesión del divorcio en marzo de 1932 o la legalidad del aborto en Cataluña en diciembre de 1936 son ejemplos de las reformas básicas durante este periodo que hicieron posible una mejora con respecto a la situación de la mujer[14].

El asentamiento de un régimen político democrático significó la transformación democrática del país y un cambio importante en la trayectoria política del Estado español. La Segunda República (1931-36) fue un período intenso y prometedor, en tanto dio un impulso de progreso cultural y social al país. Supuso especialmente para las mujeres un cambio radical importante[15]. Con la Constitución de 1931 y la promulgación de leyes posteriores la situación de las mujeres comenzó a mejorar. Se eliminaron privilegios reconocidos hasta ese momento sólo a los hombres. Por ejemplo, se reguló el acceso de las mu-

---

gramas políticos, la candidatura de una mujer (como la de Aurora Bertrana en las elecciones de 1933) respondía a una estrategia electoralista ideada para seducir el voto femenino, mostrar una imagen progresista del partido y/o dar a entender un interés especial por las cuestiones de género (Mary Nash, «Política, condició social i mobilització femenina» 243-45).

14   Sobre los cambios sociales en este periodo es revelador el estudio de Margarita Nelken en *La condición social de la mujer en España* (1975) donde muestra de una forma global la situación de la mujer española en el siglo XX y trata temas polémicos como la prostitución y la representación femenina en la esfera pública. De forma similar Mary Nash en *Mujer, familia y trabajo en España* (1875-1936) (1983) ofrece una revisión histórica de España desde el último tercio del siglo XIX hasta el comienzo de la guerra civil para ilustrar con documentos de la época la evolución socio-política del país poniendo especial énfasis en la situación de la mujer. Las reflexiones de Maria Aurèlia Capmany y Carmen Alcalde en *El feminismo ibérico* (1970) permiten un acercamiento al contexto social de la Cataluña del siglo XX. Ambas analizan el feminismo catalán y denuncian la falta de conciencia y voluntad revolucionaria de gran parte de las mujeres barcelonesas, sobre todo las burguesas. Asimismo, sacan a la luz el testimonio de la prensa feminista de la época para justificar sus afirmaciones. En este sentido, también es interesante el estudio que publicó la Comisión Interdepartamental de Promoción de la Mujer de Cataluña en 1988 titulado *Més enllà del silenci: les dones a la història de Catalunya* dirigido por Mary Nash, el cual contiene las aportaciones de doce historiadoras que explican de una forma global la historia de las mujeres catalanas desde la Edad Media hasta la actualidad. Los últimos seis artículos tratan de los cambios de las estructuras familiares y los problemas socio-políticos vinculados a la mujer durante el siglo XX, e incluyen un análisis de la representación de la mujer en la política, el arte y la literatura catalana contemporánea.

15   Ver el estudio *Los orígenes del feminismo en España* (1980) que realizan conjuntamente Anabel Gonzáles, Amalia López, Ana Mendoza e Isabel Urueña. Además de investigar los orígenes del movimiento feminista en España y abordar la situación de la mujer en la península desde la edad media hasta el 1936, adoptan datos históricos que ayudan a contextualizar los cambios legislativos y sociales que menciono en este apartado.

jeres a cargos públicos y al voto, y se reconocieron ciertos derechos a la mujer en el ámbito familiar y conyugal como la legalización del matrimonio civil, la autorización de la patria potestad de los hijos a las madres, la anulación del delito por adulterio (hasta entonces sólo aplicado a la mujer) y la promulgación legal del divorcio por mutuo acuerdo. Además, se obligó al Estado a regular el trabajo femenino y a proteger la maternidad, prohibiendo las cláusulas de despido por contraer matrimonio o por embarazo, estableciendo el Seguro Obligatorio de Maternidad y aprobando la equiparación salarial para ambos sexos. En el ámbito educativo, se permitieron las escuelas mixtas y la coeducación, desaparecieron las asignaturas domésticas y religiosas del currículum escolar, y se crearon escuelas nocturnas para las mujeres trabajadoras. Éstas mejoras pedagógicas contribuyeron significativamente a reducir el analfabetismo femenino. Durante la II República, en Cataluña, incluso se llegó más lejos y se permitió la dispensación de anticonceptivos, se despenalizó y legalizó el aborto, se decretó la abolición de la prostitución reglamentada y se prohibió contratar a mujeres en trabajos considerados como peligrosos o duros (Nash *Mujer, familia y trabajo en España* (1875-1936) (287-369).

Tanto el gobierno de la II República española como el de la Generalitat de Cataluña introdujeron cambios sustanciales en la legislación vigente. No obstante, la mentalidad social en España y en Cataluña en comparación con el resto de Europa aún estaba impregnada de un modelo cultural que definía a las mujeres por su función tradicional como madre y esposa, haciendo aún muy difícil su integración en el espacio público. Maria Aurèlia Capmany acierta al decir en su estudio *El feminismo ibérico* que «el Feminismo, como tantos otros programas políticos y sociales, tardó en pasar la muralla pirenaica [y] llegó [a la península] con un retraso mínimo de cincuenta años» (27).

Aurora Bertrana tuvo un papel muy importante en la novelística de preguerra desde que publicó su novela-reportaje *Paradisos oceànics* (1930), la colección de cuentos *Peikea, princesa caníbal y alres contes oceànics* (1934) y la novela de ficción *L'illa perduda* (1935) escrita a medias con su padre. A través de sus obras basadas en su experiencia en la Polinesia (1926 y 1929) contribuyó a situar la narrativa catalana de viajes al nivel europeo y hacerse un hueco en el mercado literario catalán. La mayoría de las escritoras catalanas de los años treinta dejaron de editar sus obras después de que su carrera profesional fuera brutal-

mente interrumpida por la Guerra Civil (1936-1939), pero Aurora
Bertrana y Mercè Rodoreda continuaron escribiendo y publicando
sus obras regularmente hasta su muerte y llegaron a tener una producción literaria muy amplia y variada.

LA INTELECTUALIDAD CATALANA

Es importante contextualizar el marco histórico de principios del
siglo XX y de los años treinta para comprender la forma en que influyeron los movimientos culturales en la definición y en la tipología
del feminismo que surge en Cataluña durante la época en que escribe
Bertrana. Uno de los proyectos que marcará el rol de la mujer en Cataluña con la entrada del nuevo siglo es el que los historiadores han
denominado *El proyecto cultural noucentista*[16]. Se trata de un hecho
que se da únicamente en Cataluña debido principalmente a la existencia de una clase política que desde 1898 apuesta por el catalanismo
y por la re-generación del país catalán al margen de España (Panyella
276). Dicho movimiento ideológico no tiene correspondencia ideo-
lógica y estética ni correlato artístico y literario con el Novecentismo
hispánico (por eso se debe utilizar el término en catalán para diferen-
ciarlo del español) (290). El Noucentisme catalán está influido por co-
rrientes filosóficas francesas que abogan por la modernización, la ci-
vilización del país y la consolidación de los valores nacionales propios
de la identidad catalana («Les dones i el pensament conservador
català contemporani» Duplaá 180-83). A diferencia del resto del territorio español, en el caso de Cataluña el componente nacionalista
pujaba más fuerte que los anhelos europeizantes y cosmopolitas que
defendían los críticos y filósofos españoles como Ortega y Gasset
(1883-1955), ya que el *Noucentisme* catalán pretendía instaurar un

---

16   Se suele situar el inicio del Noucentisme en el año 1906, coincidiendo con una serie de
      sucesos importantes relacionados con el movimiento, aunque la crítica no se pone de
      acuerdo ni con las fechas ni con la definición del Noucentisme (Panyella 270-303).
      Algunos hechos destacables durante la época son: la aparición del *Glorari* (1906-1920)
      de Eugeni d'Ors (1881-1954) en *La Veu de Catalunya*, la publicación de *Els fruits sabo-
      rosos* (1906) de Josep Carner (1884-1970) y *La nacionalitat catalana* (1906) de Enric Prat
      de la Riba (1870-1917). La publicación de las Normas ortográficas en 1913 de Pompeu
      Fabra (1868-1948) y en 1914 la instauración de la Mancomunitat de Cataluña presidida
      por Prat de la Riba son otros acontecimientos significativos que representan el esplen-
      dor alcanzado del Noucentisme en Cataluña entre 1911 y 1916.

modelo concreto de sociedad. Los intelectuales catalanes ambicio-
naban «normalizar» Cataluña, para ordenar lo ya existente y para
crear una sociedad ideal a partir de las «aspiracions hegemòniques
dels nuclis més actius de la burgesia catalana» (Panyella 276)[17]. El fenómeno noucentista se proponía materializar los intereses de la clase
burguesa en un plan ideal en el que se pretendían encarrilar iniciativas
en marcha, codificar el idioma, crear instituciones sociales y
culturales, modificar los desvaríos originados en el Modernismo[18], y
rechazar todo lo que tuviera que ver con el siglo XIX (276). Los *noucentistes* catalanes adoptaron una actitud dominante e imperialista, ya
que pretendían imponerse como modelo al resto del territorio español[19]. Estaban convencidos de que la única manera de modernizar
España era catalanizándola.

El pueblo catalán se unió a principios de siglo XX para llevar a cabo
en profundidad una acción reformadora, dando a Cataluña una nueva
orientación en el orden político-social dentro del marco legal y cultural
como consecuencia de la consolidación e institucionalización del catalanismo en el país. Todo esto fue posible gracias a la intervención de
la burguesía en los asuntos políticos e intelectuales durante el *Noucentisme*. Más adelante, con la implantación de la dictadura de Primo de
Rivera (1923-1930), se suspendieron los proyectos innovadores de los
noucentistes iniciados en 1906 y poco a poco se fueron diluyendo sus
iniciativas. No obstante, algunos de los aspectos ideológicos
perduraron a lo largo del primer tercio del siglo XX, aunque con distinto grado de intensidad, pero volvieron a resurgir con fuerza durante
la segunda República (Panyella 273). La influencia de dicho movimiento fue tan grande que según afirman algunos críticos, Cataluña
ha vivido décadas de la herencia Noucentista (Resina 537).

---

17   aspiraciones hegemónicas de los núcleos más activos de la burguesía catalana.
18   Se suele situar el Modernismo catalán entre 1890 y 1910.
19   Utilizo el término «imperialista» en el sentido de responsabilidad y acción reformadora
      del Estado según la ideología noucentista. Para los intelectuales catalanes Imperialismo,
      Arbitrarismo, Clasicismo y Civilidad son las cuatro palabras clave y definitorias del
      Noucentisme (Panyella 272). Imperialismo se refiere al nuevo sistema político-social de
      la sociedad catalana que querían imponer. Arbitrarismo es un término que Ors toma
      de los autores modernistas Gabriel Alomar Villalonga (1873-1941) y Raimon Casellas
      Dou (1855-1910) para darle una dimensión ética aplicable a muchos aspectos de la vida
      social, pero en particular Ors le dio el significado de voluntad transformadora de los
      humanos para modificar la realidad según sus necesidades. El concepto de Clasicismo
      respondía al deseo de los noucentistes de crear una civilización perfecta y ordenada ins-
      pirada en el mito de la ciudad griega clásica; y Civilidad son las pautas de comporta-
      miento que los noucentistes deseaban instaurar en Cataluña para facilitar la armonía
      entre la cultura y la civilización y neutralizar la conflictividad social.

Bertrana se educó en este ambiente reformador y patriótico catalán y sin duda los cambios socio-culturales y políticos tuvieron un impacto muy importante en su vida y en su obra. Las críticas y denuncias sobre el atraso y la miseria del pueblo español en comparación con los países europeos, y la insistencia por preservar unas señas de identidad catalana, son reveladoras de la influencia que ejercieron los mencionados movimientos culturales del momento en la ideología de la autora. Tanto sus obras de ficción como sus novelas-reportajes y sus artículos periodísticos estuvieron marcados por los anhelos de transformación social que proponían los intelectuales catalanes durante el Noucentisme y más adelante en la II República. No obstante las ideas noucentistes con respecto a la mujer chocaban con el pensamiento feminista de Bertrana.

Los noucentistes situaban a la mujer dentro del mundo real para destacar su feminidad, enaltecer su capacidad humanitaria y su conciencia de solidaridad social basándose en las creencias tradicionales. La mujer representaba un elemento cultural insubstituible para hacer realidad sus proyectos porque para los noucentistes nadie mejor que ella podía ser la encargada de confraternizar, equilibrar, dar forma y transmitir a las futuras generaciones las pautas a seguir según las normas y las pautas en sus proyectos. En su rol de esposas y madres transmisoras de los valores de civilidad, lo que pretendían era potenciar su función tradicional como reproductora de la especie para transmitir la esencia de la raza catalana [20], y ya fuera como componente estético o como compañera en las relaciones y proyectos socioculturales, se contaba con ella y se le asignaba una labor colectiva que llevar a cabo en nombre de la patria (»Les dones i el pensament conservador catala contemporani» Duplaá 118). A diferencia de los modernistas, los noucentistes no actuaban de forma individualista porque tenían conciencia de grupo (Panyella 287). Esto también explica por qué incluyeron a mujeres como Bertrana en sus proyectos.

Eugeni d'Ors fue quien propuso el modelo de mujer tradicional en su obra *La Ben plantada* (1911) donde integra la figura femenina en un cosmos convencional y androcéntrico en el que se destaca la pa-

---

20   Utilizo el término «raza» con la intención de reproducir la forma en que se expresaban los noucentistes durante la época para hablar de la identidad catalana. En el prólogo de la edición del 25 aniversario de *La Ben plantada* (1937) Ors define la raza como «una espiritual tradició, una síntesi de la cultura» [una espiritual tradición, una síntesis de la cultura] (10). Ors encuentra las raíces de la tradición y la cultura catalana en el entorno mediterráneo, en la grandeza de la antigüedad clásica por excelencia (Martín Marty 26).

sividad, el instinto, el sacrificio y el amor maternal. Estos eran los atributos que para Ors y los noucentistes debía tener la mujer: «[la dona ideal] no serà la més original, la més individualitzada enfront de les altres, ans al contrari. Serà la que sigui síntesi i compendi de les qualitats del conjunt, per tant la que les representi a totes i a cap» (Ors 39)[21]. Como bien observa Maria Aurèlia Capmany, desde esta perspectiva la mujer como individuo desaparece y se concreta a partir de las cualidades negativas que surgen por oposición a los elementos positivos del hombre: actividad, dominio de la razón, creatividad y voz de mando (*La dona a Catalunya* 125). Este modelo de mujer impuesto por los intelectuales catalanes paralizó los proyectos de emancipación que feministas como Carme Karr, Dolors Monserdà, Maria Domènech, Caterina Albert, Francesca de Bonnemaison Farriols (1872-1949) y Agnès Armengol de Badía (1852-1932) habían iniciado durante las primeras décadas del siglo XX[22], haciendo que la mujer volviera a convertirse en un ser pasivo, asexual, impávido, acultural y mudo (Julià 65)[23]. El feminismo que promovían dichas autoras no era sufragista y político, pero tenía un papel activo en la lucha por los derechos de las mujeres en los ámbitos educativos, culturales y laborales. Las autoras reivindicaban la participación del colectivo femenino en la esfera pública y exigían romper con el aislamiento social y la marginación de la mujer en el hogar sin formar parte de los

---

21   [la mujer ideal] no será la más original, la más individualizada frente a las otras, al contrario. Será la que sea síntesis y compendio de las cualidades del conjunto, por lo tanto la que las represente a todas y a ninguna.

22   Otras feministas catalanas importantes de principios del siglo XX en el ámbito de la cultura y el arte son Margarida Xirgu (1888-1969), Lluïsa Vidal (1876-1918), Pepita Teixidor (1875-1914) y Lola Anglada (1893-1984); en la pedagogía, Rosa Sensat (1873-1961) y Leonor Serrano (1890-1942); y en el movimiento obrero destaca la fitura de Teresa Claramunt (1862-1931) (Nash «Feminisme català i presa de consciència de les dones» 3). Leonor Serrano nació en Calatrava, la provincia de Ciudad Real, pero pasó parte de su juventud en Cataluña donde tuvo un papel muy importante trabajando de jurista para el Congreso Jurídico catalán de Barcelona durante los años treinta. En 1939 debido a la fuerte represión franquista en Cataluña decidió trasladarse a Madrid con su familia.

23   La estética de *La Ben plantada* aparece en las obras y las conferencias de otros autores noucentistes como por ejemplo Josep Carner en *Fruits saborosos* (1906) donde la mujer/madre, patria/tierra son conceptos relacionados por su función reproductora (frutos/hijos), y en el discurso de Jaume Bofill i Mates en «D'espiritualitat femenina» donde el autor recuerda en su charla a las mujeres que acudieron al Institut de Cultura i Biblioteca Popular de Barcelona que «la dona catalana és humil [,] casolana [,] casta, neta, endreçada, amorosa, assenyada, abnegada [i] pietosa» [la mujer catalana es humilde [,] casera [,] casta, limpia, ordenada, amorosa, juiciosa, abnegada [y] piadosa] (Julià 100). En estas conferencias Bofill i Mates recordaba al público femenino el instinto maternal que según él, tienen todas las mujeres al nacer.

acontecimientos culturales (Nash «Feminisme català i presa de consciència de les dones» 1). En este sentido, el feminismo de Monserdà
y sus seguidoras debe entenderse como un feminismo social más en-
focado en la renegociación de los espacios públicos y en la inclusión
de la mujer en los asuntos culturales que en la lucha por la independencia femenina[24].

Asimismo, en Cataluña el movimiento *noucentista* y el fervor patriótico se impusieron con fuerza en la sociedad catalana de principios
del siglo XX e influyeron en algunas autoras. Caterina Albert, una escritora feminista, que siempre había sido tan crítica con el sistema patriarcal en sus obras, y había defendido como nadie la emancipación
de la mujer, la educación y la profesionalización femenina, por no ir
en contra de los ideales catalananistas, cayó en «la trampa» de los noucentistes y se inscribió durante las primeras décadas del siglo XX al
programa propuesto por los intelectuales catalanes, haciendo declaraciones tan contradictorias con su forma de pensar y a favor del
modelo de mujer tradicional propuesto por los noucentistes como en
el discurso de las conferencias «De civisme i civilitat» en 1917:

> les dones que pensem i treballem, les que podríem dir avançades
> del feminisme, contràriament a lo que fan ses companyes d'arreu
> del món, no són hostils a l'home. Al contrari, no he parlat amb una
> sola d'aquestes dones [feministes catalanes], que no em fes lloances
> de l'home com a marit, com a fill, com a amic, com a company, i
> totes s'han declarat devotes de la llar. (Català 1697)[25]

La experiencia de Catarina Albert sirve para explicar la situación
en que se encontró Bertrana después de unos años, cuando formó

---

24   Como bien observa Nash en «Feminisme català i presa de consciència de les dones»,
      además de los impedimentos que encontraron con los proyectos noucentistes, las femi-
      nistas tuvieron dificultades para llevar a cabo sus propósitos debido al sistema político
      del Estado español de la Restauración de finales del siglo XIX. Las políticas y los plan-
      teamientos del gobierno no fueron propicios para la emergencia de un feminismo libe-
      ral de signo político que permitiera orientar las acciones de las mujeres hacia el sufragio
      y hacia los derechos del colectivo femenino como ciudadanas igual que los hombres.
      Hasta que la constitución democrática de la Segunda República introdujo el principio
      de igualdad política entre los hombres y las mujeres, la legislación española presentaba
      una evidente discriminación contra la mujer con respecto al colectivo femenino, sobre
      todo hacia la mujer casada, que estaba prácticamente bajo la total custodia del marido
      y su obligación era estar en casa cuidando de los hijos y del esposo (1).
25   Las mujeres que pensamos y trabajamos, las que podríamos decir avanzadas del femi-
      nismo, contrariamente a lo que hacen sus compañeras de todo el mundo, no son hostiles
      al hombre. Al contrario, no he hablado con una sola de estas mujeres [feministas cata-
      lanas], que no me hiciera alabanzas del hombre como marido, como hijo, como amigo,
      como compañero, y todas se han declarado devotas del hogar.

parte del partido de ERC en (1933-1934). Durante la II República, hizo unas declaraciones totalmente incongruentes con su ideología de género y sus principios. Se manifestó a favor del modelo tradicional de mujer que ella siempre había criticado y rechazado:

> L'home i la dona dintre de la societat, són fets per a completar-se, no per a igualar-se [...] Des del punt de vista natural, solament la dona i l'home junts constitueixen l'ésser humà. L'ideal és que l'home i la dona estiguin exactament al mateix nivell social. Ço que no vol dir que tinguin els mateixos drets sinó el mateix nombre de drets, cada u els que li pertoquin. (Real Mercadal *Aurora Bertrana, periodista dels anys vint i trenta. Selecció de textos* 109) [26]

En el mismo artículo publicado el 24 de diciembre de 1933 en *La Humanitat* la autora también afirma que el deber de la mujer es colaborar con el hombre, conseguir la armonía en el hogar y compaginar la educación y la profesionalización femenina con las responsabilidades domésticas para conseguir la estabilidad familiar y el equilibrio social. Durante los años treinta volvió a surgir un discurso machista que reclamaba el apoyo incondicional de la mujer, el retorno del colectivo femenino a la primitiva feminidad, el sometimiento al marido para supuestamente encontrar el perfecto equilibrio entre la voluntad de su persona y la esencia inmutable de su «yo» femenino. Se hacía creer a las mujeres que de este modo obtendrían la armonía conyugal y por consiguiente la felicidad y el equilibrio de la nación. Como bien observa Nash en «Política, condició social i mobilització femenina», la mujer fue admitida en la política catalana e incluso promovida pero «les dones no havien de pretendre imitar els homes ni desplaçar-los, sino mantenir les qualitats pròpies de dona [,] portadora d'una «moralitat purificadora» [amb] una abnegada dedicació a la humanitat pròpia d'una «Germana de la Caritat»» (247)[27]. Los comentarios de Bertrana en el artículo que mencioné anteriormente son del todo incoherentes con sus ideas feministas del momento (y también posteriores) y seguramente la autora se arrepintió mucho de haber hecho

---

26 El hombre y la mujer dentro de la sociedad, están hechos para completarse, no para igualarse... Desde el punto de vista natural, solamente la mujer y el hombre juntos constituyen el ser humano. Lo ideal es que el hombre y la mujer estén exactamente en el mismo nivel social. Lo que no quiere decir que tengan los mismos derechos sino el mismo número de derechos, cada uno los que le correspondan.

27 las mujeres no debían pretender imitar a los hombres ni desplazarlos, sino mantener las cualidades propias de mujer [,] portadora de una «moralidad purificadora» [con] una abnegada dedicación a la humanidad propia de una «Hermana de la Caridad »

estas declaraciones durante su militancia en el partido republicano. Como le ocurrió a Caterina Albert, la fidelidad a la cultura, el compromiso político con la sociedad catalana y el programa electoral hicieron que Bertrana fuera en contra de sus propios principios y de su forma de pensar feminista. Con sus declaraciones traicionaba la lucha por la emancipación femenina y los proyectos progresistas llevados a cabo por el movimiento de liberación de la mujer.

Los comentarios de Caterina Albert y Aurora Bertrana ponen de relieve el conflicto de las autoras por encontrar la manera de armonizar sus reivindicaciones feministas con sus ideales catalanistas. Ambas situaciones señalan el dilema interno de las feministas catalanas en un mundo dominado por los hombres, en el que a veces para conseguir sus propósitos se han visto obligadas a ceder y a traicionarse a sí mismas aceptando las reglas del juego del sistema. Lo peor es que, en la mayoría de los casos, como les ocurrió a Caterina Albert y a Bertrana, las mujeres suelen ceder sin conseguir nada a cambio. Bertrana se afilió a ERC con la intención de encontrar apoyo para desarrollar su proyecto de la Universidad Obrera Femenina: «la meva dèria de fundar una Universitat Obrera Femenina m'empenyia a cercar el puntal d'un partit polític, a encasellar-m'hi. Sense aquest puntal [,] no podia ni somiar a tirar endavant el meu projecte» (*Memòries fins al 1935* 759)[28]. En el *Lyceum Club* se dio cuenta de que nunca podría desarrollar su proyecto porque, como ya mencioné, el club cada vez se orientaba más a cubrir las necesidades de las mujeres burguesas y a organizar tertulias y actividades de poca trascendencia cultural e intelectual para las élites. Por eso aceptó la oferta de sus amigos republicanos. No obstante, en ERC tampoco obtuvo ningún tipo de ayuda. Los grupos femeninos que formaban parte de los partidos de izquierda, igual que los que militaban en la derecha estaban totalmente subordinados a las decisiones de los hombres dirigentes del partido. Ellos limitaban la dependencia a las mujeres respecto a las directrices políticas y continuamente marginaban, ignoraban o daban muy poca importancia a las opiniones, y a los asuntos políticos que planteaban las mujeres (Nash «Política, condició social i mobilització femenina» 247).

---

[28]   mi empeño de fundar una Universidad Obrera Femenina me empujaba a buscar el puntal de un partido político, a encasillarme en él. Sin este puntal [,] no podía ni soñar a llevar a cabo mi proyecto.

Bertrana fue víctima de las estrategias partidistas de la izquierda catalana para influir en el voto femenino. Las mujeres en los partidos básicamente realizaban tareas subalternas. Según Bertrana su papel en los coloquios y actos electorales «es limitava a llegir una o dues quartilles, o a pronunciar unes paraules» que casi siempre se referían a temas culturales muy generales (*Memòries fins al 1935* 762)[29]. En sus memorias la autora confiesa arrepentirse de haberse afiliado a ERC porque se dio cuenta de que que era un partido «de burgesos i menestrals» con una ideología que limitaba sus intereses personales y contaron con ella solo para utilizar su conocida imagen de mujer intelectual catalana[30]:

> aquests grups anaven limitant geogràficament l'àrea d'acció que m'interessava. Els meus sentiments, ja sia per l'herència castellana tan directa, [o] pel meu consubtancial internacionalisme, reforçat pels nou anys de convivència amb altres pobles, em privaven d'acceptar aquesta limitació. La gent i els problemes socials que a mi m'interessaven sentimentalment no es podien deturar a les fronteres de Catalunya, ni d'Espanya, àdhuc d'Europa: abastaven tot el món. (*Memòries fins al 1935* 759)[31]

La autora era catalanista pero no independentista. Las ideas de ERC la alejaban de lo que para ella era la verdadera lucha social: la igualdad entre los hombres y las mujeres, y la eliminación de las fronteras. Después de su experiencia como candidata en ERC, Bertrana rehusó afiliarse de nuevo a ningún partido político, ya que nunca más estuvo dispuesta a ceder su libertad y sus ideales a cualquier precio, ni a dejarse engañar por las artimañas de los políticos. La autora comprendió que no se puede ceder la forma de ser y de pensar de uno mismo ante la estrategia electoral o de cualquier otro tipo. Asimismo,

---

29   se limitaba a leer una o dos cuartillas, o pronunciar unas palabras.

30   El hecho de que ERC le propusiera formar parte de las listas electorales como candidata del partido es indicativo del prestigio que tenía Bertrana durante la época. También demuestra el compromiso social y cultural de la autora con el país y con la mujer, ya que su intención era conseguir ayuda política para sus proyectos feministas. Dentro del partido había otras mujeres que habían militado ERC desde hacía muchos años y esperaban ser elegidas para candidatas algún día, pero no fue así y eso, según cuenta Bertrana en las memorias, molestó mucho a más de una (*Memòries fins al 1935* 763).

31   Estos grupos iban limitando geográficamente el área de acción que me interesaba. Mis sentimientos, ya fuera por la herencia castellana tan directa, [o] por mi consubtancial internacionalismo, reforzado por los nueve años de convivencia con otros pueblos, me privaban de aceptar esta limitación. La gente y los problemas sociales que a mí me interesaban sentimentalmente no se podían detener a las fronteras de Cataluña, ni de España, ni de Europa: abarcaban todo el mundo.

después de esta y otras experiencias Bertrana se proclamó, en su vida y en su obra, antiburguesa, anticlerical e ideológicamente anarquista.

¿BERTRANA FEMINISTA?

Bertrana no acostumbraba a definirse a sí misma como feminista y si alguien se lo preguntaba ella siempre decía que no (Bonnín 223). Durante la época había una cierta hostilidad hacia las mujeres que se consideraban feministas. En Cataluña las llamaban «homenívoles» o marimachos en español, y «petitburgeses» o pequeñas burguesas en español en un tono despectivo (Charlon y Canal 71). Bertrana no teorizó sobre el tema como lo hizo Carme Karr, Federica Montseny o Maria Aurèlia Capmany, pero vivió, escribió y participó en los acontecimientos sociales y feministas de la época mucho más que cualquiera de las autoras teóricas del momento. Ella se definía a sí misma como una humilde cooperadora del movimiento social femenino catalán: «jo m'he decidit a cooperar humilment en el moviment social femení a casa nostra» (Bertrana «Feminitat i feminisme» 2)[32].

Durante los años treinta, la autora fomó parte de una red cultural feminista de izquierdas que se articuló en Cataluña a finales de los años 1920 y principios de 1930. Se trataba de un movimiento que seguía muy de cerca a las sufragistas inglesas y a otros grupos feministas europeos que surgieron a partir de la I Guerra Mundial (Nash «Política, condició social i mobilització femenina» 242-56). Su conciencia de género estaba vinculada a una determinada idea de modernidad y a una vertiente política progresista y catalanista. Estos grupos se constituyeron en torno a una orgnización feminista alternativa a la que habían creado anteriormente las mujeres catalanas burguesas de derechas. Bertrana, igual que otras autoras como Federica Montseny, Maria Teresa Vernet y Mercè Rodoreda, rechazó el feminismo de Dolors Monserdà de Macià, Carme Karr y Maria Domènech porque lo consideraba burgués, retrógrado, convencional y clasista. Era un movimiento que consolidaba las jerarquías, la sumisión de la mujer al hombre y el rol tradicional de madre y esposa. Contrariamente a esta forma de pensar, Bertrana se identificaba con un feminismo progresista y moderno, que luchaba por educar a la mujer obrera y a la

---

32   yo he decidido cooperar humildemente con el movimiento social femenino en nuestra casa.

burguesa, consideraba imprescindible revisar el sistema legal y los derechos de las mujeres, implicar al sector femenino en los asuntos sociales y en los acontecimientos políticos que estaban transformando la nación, y no perder de vista que la igualdad solamente podía ser posible a través de la independencia económica.

En sus obras Bertrana suele reflejar estas ideas. Los personajes casi siempre son mujeres y se valora positivamente que las protagonistas se interesen por instruirse, independizarse y ser capaces de cuidar de sus hijos si deciden ser madres solteras como la cortesana Turey en *Paradisos oceànics* (1930). Bertrana critica a las mujeres burguesas que sólo viven para la ostentación y el lujo como las protagonistas de *L'inefable Philip* (ms.) y *Fracàs* (1966), y cuando exalta el papel de la mujer en la maternidad también lo hace para reducir el rol del hombre al de simple proveedor de espermatozoides, como se puede ver en *Paradisos oceànics* donde a nadie le importa quién es el padre de las criaturas. En otras obras como *La ciutat dels joves* la autora es más contundente y propone la gestación artificial para prescindir incluso del contacto sexual con un hombre.

La autora critica la actitud de las mujeres burguesas como Anna en *L'inefable Philip* que tienen estudios universitarios y han viajado al extranjero pero que siguen soñando con encontrar a un marido que las mantenga y formar una familia. En otras obras como *Vent de grop* (1967), Bertrana contrasta la libertad y la independencia de las mujeres inglesas que veranean en la Costa Brava con la vida tradicinoal de las mujeres de La Cala que sólo piensan en casarse y tener hijos. La defensa de la profesionalización y el rechazo de la maternidad como una obligación por ser mujer son ideas que también se ven reflejadas en su propia vida. Bertrana nunca tuvo hijos y prefirió dedicarse a viajar, escribir novelas y vivir sin depender de un marido.

A lo largo de su trayectoria literaria sus ideas feministas pasan por diferentes etapas. La primera se inscribe en la Cataluña de pre-guerra en un ambiente liberal. Es el momento en que la autora goza de una vitalidad y un carisma envidiable. Continuamente asiste a conferencias, tertulias y coloquios literarios, mantiene contactos con gente del mundo intelectual y cultural catalán[33], obtiene sus primeros éxitos como novelista, y forma parte del *Lyceum Club* y de ERC. Su objetivo

---

33 Mientras duró la II República en Cataluña hubo una vida catalana muy auténtica y brillante que se implicó de forma importante en los proyectos culturales, sociales y políticos para reformar el país y elevarlo al nivel intelectual europeo (Nash «Política, condició social i mobilització femenina» 243).

en esta etapa, y que reivindicará toda su vida, es la educación de la mujer (obrera y burguesa) y la emancipación femenina en términos de independencia humana. Es decir, la libertad a partir del esfuerzo y la autosuperación individual mediante una profesión remunerada. Estos temas se ven reflejados en todas sus obras, pero de forma especial en *Paradisos oceànics, El Marroc sensual i fanàtic* cuando compara a las burguesas catalanas con las mujeres de la Polinesia y cuando critica la falta de libertad de las mujeres musulmanas en Marruecos y menosprecia la codícia y la hipocresía de las mujeres burguesas en Cataluña que haciendo de señoras, viven en apartamentos de lujo, tienen a un marido y/o un papá que las mantiene «i es prostitueixen per poder lluir més, per afegir una joia, un abric de pells [o] un automòbil» (*Memòries fins al 1935*, 767)[34].

La segunda etapa la sitúo en el período de entreguerras cuando la autora se exilia a Ginebra y reflexiona sobre la mujer después de haber vivido la experiencia de la guerra y tener que abandonar su país, su familia y su vida en Cataluña. Las obras que escribe durante este período tratan las cuestiones de género relacionadas con el conflicto bélico durante la II Guerra Mundial. La autora profundiza en el drama personal de las mujeres de Etobon (en la Haute-Saône, Francia) y en la participación del colectivo femenino en tiempos de guerra. En las novelas *La aldea sin hombres, Tres presoners* y *La madrecita de los cerdos* y el cuento «El pomell de violes» se percibe un fuerte sentimiento de dolor causado por las imagenes que vivió durante la Guerra Civil (1936-1939) y las historias que le contaron las aldeanas de Etobon después de sufrir la Segunda Guerra Mundial. La autora se interesa sobre temas que no había considerado antes como la guerra en el espacio doméstico, los sentimientos de odio, rencor y compasión que surgen a partir de las relaciones entre las mujeres y los militares que invaden sus casas; el trauma, las agresiones sexuales hacia la mujer, la alteración de los roles de género debido a la guerra y la participación del colectivo femenino en el conflicto bélico; y todos estos temas los proyecta desde una perspectiva de género.

En esta fase, el tratamiento de la conjunción género y guerra revela una visión sorprendentemente radical y feminista. Casi siempre, como ya mencioné, las historias que narra Bertrana son sobre mujeres

---

34   y se prostituyen para poder lucir más, para añadir una joya, un abrigo de pieles o un automóbil.

y están protagonizadas por personajes femeninos, pero en *La aldea sin hombres* Bertrana lleva el interés hacia la mujer al extremo y excluye la presencia masculina para poner a un primer plano la vivencia de las mujeres durante el conflicto bélico. Asímismo, la forma en que Bertrana proyecta la violación en *La aldea sin hombres* y en *Tres presoners* representa un punto de inflexión en las teorías feministas de autoras como Susan Brownmiller y Ruth Seifert, ya que la violación en las obras de Bertrana se presenta como una continuación de los actos violentos que sufre la mujer en tiempos de paz y no como una ruptura o una arma de guerra.

La tercera etapa feminista que yo identifico en las obras de Bertrana coincide con el retorno de la autora a Barcelona en 1949. El principio de este periodo está marcado por una fuerte frustración. Sus obras *Fracàs* y *L'inefable Philip* reflejan el sentimiento de fracaso de haber dejado una ciudad como Ginebra llena de oportuniades y de vida intelectual para regresar a un país como España hostil hacia la mujer escritora y catalana debido a la represión franquista. La pérdida de libertades y el retroceso que experimenta la mujer durante la dictadura de Franco son temas importantes en *L'inefable Philip*, en *Fracàs* y en *Vent de grop*. La autora destaca la libertad de las mujeres estrangeras como Briget en *L'inefable Philip* y Mabel en *Vent de grop* y critica el rol tradicional de madre y esposa de las protagonistas catalanas. A menudo, el cuerpo femenino de la mujer catalana en estas novelas, se proyecta como un objeto sexual en el que la supervivencia está ligada a la habilidad de la mujer en conseguir que el hombre siga interesándose en ella. Esto explica, en parte, la obsesión de los personajes femeninos por su físico, el envejecimiento y la subsiguiente pérdida de atractivo.

Bertrana observa que la mujer a finales de los años sesenta ha conseguido muchas ventajas que antes no tenía y que en las futuras generaciones hay posibilidades de que la mujer se equipare al hombre pero, aún así sigue viendo que hace falta un gran cambio de mentalidad en las mujeres y en los hombres para que eso sea posible. La mayoría de mujeres universitarias aún aspiran a casarse para conseguir lo que podrían obtener con un mayor esfuerzo. Así lo expresa en el artículo «El feminisme ha mort. ¡Visca el feminisme!» publicado el 17 de octubre de 1969 en la revista *Tele-estel*:

> Elles van a la Universitat amb la sana intenció d'aprendre, d'obtenir

un títol, d'exercis una professió liberal, però també amb la instintiva
esperança de frecuentar homes joves, intel.lectuals i atractius, de
seduir-ne un, d'apropiar-se'l [...] ¿I quina carrera més lucrativa pot
triar que la d'aparellar-s'hi? En aquesta vulgar lògica conclusió crec
que ha arribat i ho demostra amb tota franquesa, la dona dels
nostres dies. ¿Original? No gens. Vella com el món, però assenyada,
eterna i còsmicament feminista. (Bertrana «El feminisme ha mort.
¡Visca el feminisme!» 1)[35]

La postura de Bertrana al final de la tercera etapa la relaciono con
el feminismo que empieza a surgir en España y en Cataluña a finales
de los años 60 y 70 el cual lucha por un cambio social comprometido
con la mujer al finalizar el franquismo, como en los países europeos.
En esta etapa aparecen vaivenes que van de un fuerte pesimismo a la
situación de la mujer a un cierto optimismo que la autora ve en las
generaciones más jóvenes. Aquí es cuando Bertrana reivindica la
identidad múltiple y lo diferente, y cuestiona la rigidez y la homoge-
neidad de los códigos sociales con respecto al género. En *Camins de
somni* (1955), *La nimfa d'argila* (1959) y sobre todo en la novela utópica
La ciutat dels joves, Bertrana proyecta una manera de pensar feminista
muy avanzada para su época. En los textos plantea cuestiones relacionadas con el género y la identidad que son muy parecidas a las teorías
de feministas como Simone de Beauvoir, Shulamith Firestone, Judith
Butler, Monique Wittig y Julia Kristeva. En *Camins de somni* y *La
nimfa d'argila*, Bertrana reflexiona sobre la sexualidad y los conflictos
de identidad mediante unos protagonistas que viven angustiados por
las normas y la rigidez de su entorno. Tanto Jaume en *Camins de somni*
como Miquel en *La nimfa d'argila* se sienten incomprendidos por sus
familiares y luchan por comprenderse a sí mismos. No entienden por
qué son tan diferentes a los demás y tienen dificultades en ajustarse
a los códigos de conducta tradicionales. En los textos los protagonistas
constantemente oscilan entre lo femenino y lo masculino haciendo
evidente que la subjetividad no es fija, idéntica y firme, sino múltiple,
heterogénea y a veces contradictoria. Las acciones de Jaume y Miquel,
además de transgredir los modelos hegemónicos de la masculinidad,

---

35   Ellas van a la Universidad con la sana intención de aprender, de obtener un título, de
      ejercer una profesión liberal, pero también con la instintiva esperanza de frecuentar
      hombres jóvenes, intelectuales y atractivos, de seducir a uno, de apropiárselo [...] ¿Y
      qué carrera más lucrativa puede elegir que la de aparearse? A esta vulgar y lógica con-
      clusión creo que ha llegado, y lo demuestra con toda franqueza, la mujer de nuestros
      días. ¿Original? Para nada. Vieja como el mundo, pero sensata, eterna y cósmicamente
      feminista.

plantean cuestiones de género muy importantes que todavía hoy se discuten, como: si se sigue siendo hombre después de practicar conductas femeninas, si uno sólo puede ser hombre o mujer según las normas tradicionales y si es posible vivir en plenitud sin ejercer las prácticas relacionadas con los roles de género convencionales.

Las obras señalan que las nociones de masculinidad y feminidad son características socialmente construidas y proponen la posibilidad de vivir libremente la sexualidad sin estar ligados a categorías. Es más, en *La nimfa d'argila*, Bertrana señala que durante la infancia los niños también tienen deseos sexuales y no siempre son heterosexuales. Miquel, el protagonista de *La nimfa d'argila*, se siente atraído por las mujeres, pero también por los hombres. Además de poner al descubierto temas muy polémicos y avanzados para su época (temas que incluso hoy cuesta discutir), Bertrana destruye la falsa creencia de que los niños son asexuales y enfatiza que los conflictos de identidad y las dificultades por adquirir un rol determinado según las normas culturales son cuestiones que afectan a las mujeres y de forma similar a los hombres, independientemente de la edad.

Finalmente, en esta etapa, es necesario destacar que si bien los Bildungsroman femeninos: *Camins de somni* y *La nimfa d'argila*, se construyen —insólitamente— a través de personajes masculinos, las memorias de Bertrana, *Memòries fins al 1935* y *Memòries del 1935 fins al retorn a Catalunya*, son la culminación de la trayectoria feminista de la autora, ya que recoge todas las oscilaciones mencionadas en cuanto al género y ofrecen una nueva forma de escribir la autobiografía mediante un cruce de géneros literarios (ensayo, novela, reportaje, crónicas y diarios) y una indiferenciación entre la autobiografía que se ha teorizado como femenina y como masculina, rompiendo de esta manera con los modelos tradicionales y complicando las teorías sobre la autobiografía basadas en las diferenciaciones genérico sexuales. En las memorias, Bertrana cuestiona las distinciones entre los textos autobiográficos considerados masculinos y femeninos y pone de relieve que este tipo de diferenciaciones no tienen ingún sentido y son una repetición y un reflejo de las dicotomías sociales que históricamente han separado lo público de lo privado, lo deméstico de lo profesional y lo interno de lo externo. Las memorias de Bertrana subrayan que no es posible una distinción firme entre una manifestación de literatura femenina y unos textos masculinos según las normas culturales.

El contenido de sus memorias y el discurso que utliza muestran la dualidad en la que se encuentran las escritoras de la época. Por un lado, Bertrana se proyecta como un miembro de una cultura dominada por los hombres y por otra parte, como participante de un grupo minoritario sin voz y el deseo de experimentar con algo nuevo. Asímismo, en las memorias, el discurso es doble, ya que escribe utilizando simultáneamente los códigos del grupo dominante y los de aquellos a los que la cultura ha silenciado. Sus libros autobiográficos destacan por la hibridez, la oscilación entre elementos masuclinos y femeninos y la pluralidad de voces. Los temas que trata son muy variados y van desde los asuntos sentimentales, sociales y profesionales hasta los culturales, políticos, históricos y de género.

Esta pluralidad de voces y fluidez entre categorías masculinas y femeninas en la tercera etapa, revela que la autora entendía perfectamente el problema del género como una cuestión de posicionamiento que enfoca desde diferentes géneros literarios y posturas creativas. Se puede decir que en la narrativa de Aurora Bertrana es evidente el compromiso social de la autora y su ideología feminista de primer orden, muy particular y avanzada para su época.

La evolución de su forma de pensar debe entenderse como un desarrollo paralelo a las vivencias que experimenta la autora, ya que Bertrana se nutre de sus experiencias para escribir. Según la autora, lo primero que debe hacerse en la vida «és virue-la i després, si de cas, escriure-la amb coneixement de causa» (*Memòries fins al 1935*, 242)[36]. Sus obras, a excepción de sus memorias, no son autobiográficas, pero la frontera entre la ficción y la realidad es borrosa, ya que a menudo encontramos desperdigados retazos y anécdotas relacionadas con sus experiencias. Paradójicamente, a pesar de ser una mujer idealista y visionaria, la sensación de fracaso es una constante que se transmite a lo largo de su trayectoria literaria. En el primer volumen de sus memorias *Memories fins al 1935*, Bertrana confiesa haber vivido desde su infancia bajo el signo de frustración en un entorno familiar burgués venido a menos, del cual recuerda con angustia el sufrimiento y la preocupación de sus padres por conseguir medios para sustentar a la familia. Estas impresiones se intensifican con la experiencia de haber vivido episodios tan dolorosos como dos guerras y una (eterna) dictadura, las cuales entorpecieron todos los proyectos por los que tanto

---

36   es vivirla y después, en todo caso, escribirla con conocimiento de causa.

luchó. Por una parte, la frustración es un sentimiento que forma parte de la generación de escritoras de Aurora Bertrana que fueron educadas para un mundo que realmente nunca llegó a existir para ellas. Y por otra parte, Bertrana muestra un estado permanente de insatisfacción, tanto afectiva como social y moral en su obra porque continuamente tuvo que enfrentarse a los desengaños políticos, a unos editores que no valoraban lo suficiente las obras de las escritoras y a una crítica hostil por ser mujer. Además, Bertrana a menudo tiene un fuerte sentimiento de no pertenecer a la realidad que le tocó vivir. Estas circunstancias generan en la autora una fuerte sensación de desengaño, desapego y frustración que dejan huella en gran parte de su producción literaria.

Viento de Grop. ANTECEDENTES Y ANÁLISIS

Bertrana empezó a escribir *Vent de grop* (1967) –*Viento de grop*[37], en castellano –en 1964, mientras se alojaba en casa de unos pescadores de la Escala. Caterina Albert fue quien la animó a escribir la novela. Según Bertrana, Albert siempre le recordaba que tenía la obligación y el deber moral de hacerlo:

> [Caterina Albert] m'empenyia a escriure les meves memories però abans, **la novel.la de l'Escala**. «L'ha d'escriure, aquesta novel.la» em repetia. «Hi té una obligació moral». Les darreres paraules que vaig oïr dels seus llavis van ésser: «Prometi'm que l'esciurà». (»Homenatge Pòstum a Caterina Albert» 4) [38]

Viento de grop fue todo un éxito, llegó a vender más de 3.000 ejemplares[39], y el productor y director de cine Francesc Rovira Beleta (1913-

---

37 Según la enciclopedia catalana, viento de grop, es un tipo de viento que trae tormenta y suele ser violento. Este fenómeno meteorológico es muy común en el Ampurdán, Gerona. Se origina en lo alto de las montañas del Pirineo catalán y coge fuerza a medida que avanza hacia la costa. Ocurre repentinamente sobre todo en los veranos y descarga grandes cantidades de lluvia mezclada con viento, y a veces con granizo, en muy poco tiempo.

38 [Caterina Albert] me empujaba a escribir mis memorias pero antes, la novela de la Escala. «La tiene que escribir, esta novela» me repetía. «Tiene una obligación moral». Las últimas palabras que le escuché decir de sus labios fueron: «Prométame que la escribirá».

39 Desde la publicación de *Paradisos oceànics* y *Peikea* en los años treinta antes de la Guerra Civil, Aurora no había experimentado un éxito literario tan importante. En parte esto se debe a que la censura a finales de los años 60 era menos estricta y el turismo era un

1999)[40], que buscaba un guión para promocionar a Joan Manuel Serrat, eligió la novela de Bertrana para hacer una adaptación cinematográfica, la cual tituló *La larga agonía de los peces fuera del agua* (1970), que analizo en el siguiente apartado. En general *Viento de grop* recibió muy buenas críticas y fue bien acogida por el público, a excepción de algunos pescadores de la Escala, que se sintieron molestos al leer la obra porque se identificaron con los personajes (Bonnín 212). Con el propósito de atenuar las quejas de los aldeanos, Bertrana publicó el artículo «L'escàndol de *Vent de grop*» en la revista *Presència* el 30 de marzo de 1968. En el texto respondió a las ofensas y subrayó, con un tono irónico, que los acontecimientos en *Vent de grop* no ocurrían en la Escala, sino en La Cala:

> Els personatges no son escalencs, sino calencs [...] Si certs llocs i certa gent de *Vent de grop* s'assemblen als de la meva estimada Escala és una pura i simple casualitat, com aclareixen molt assenyadament, en el pròleg de llurs novel.les, alguns autors, als quals jo hauria d'haver imitat en publicar la meva. Perdoneu que ho faci un poc tard[41]. (13)

Bertrana se inspiró en el ambiente pesquero de la Escala para hablar sobre el impacto del turismo en la Costa Brava y la forma en que dicho fenómeno estaba afectando la forma de vivir y las tradiciones de los pueblos de la costa catalana. Como ella misma aclara, es importante notar que el nombre del pueblo inventado donde la autora ubica los acontecimientos en *Viento de grop*, La Cala, hace referencia a una característica topográfica muy común en todo el litoral catalán[42]. De esta manera, la autora señala que el turismo se estaba

---

tema de gran actualidad. El boom turístico motivó una abundante producción novelesca que todavía hoy no ha sido adecuadamente estudiada.

40　Francesc Rovira Beleta fue uno de los más prestigiosos directores catalanes de la segunda generación de cineastas durante la posguerra (Benpar 12). En su larga lista de películas producidas destacan *Altas variedades* (1960), *Los atracadores* (1962) y *Los Tarantos* (1963), las cuales situaron al cineasta en la cima del cine español. Con la primera ganó el Premio Sant Jordi en 1961 al mejor director. Tres años después en el mismo certamen Rovira Beleta volvió a ser premiado con *Los atracadores*, pero esa vez a la mejor película española. Dicho film también fue nominado en 1962 en el Festival de Cine Internacional en Berlín. En el Festival de Cine Mar del Plata (Argentina) de 1964 logró un gran éxito con la película *Los Tarantos*, la cual obtuvo muy buenos comentarios por parte de la crítica (imdb.com).

41　Los personajes no son de la Escala, sino de La Cala [...] Si ciertos lugares y cierta gente de Viento de grop se parecen a los de mi amada Escala es una pura y simple casualidad, como aclaran muy inteligentemente, en el prólogo de sus novelas, algunos autores, a los que yo tenía que haber imitado al publicar la mía. Perdonad que lo haga un poco tarde.

42　Las calas son muy abundantes en todo el litoral norte-este de Cataluña debido al territorio rocoso y la gran cantidad de acantilados Rogelio Duocastella en Sociología pasto-

expandiendo por todos los pueblos de Cataluña y que los hechos na-
rrados podían haber ocurrido en cualquier lugar de la costa catalana.
Por otra parte, la autora identifica la Costa Brava como su principal
fuente de inspiración para escribir *Viento de grop*.

A través de la novela Bertrana transmite su malestar hacia la in-
vasión turística y realiza una crónica de un tiempo concreto –los años
50 y 60–, en un espacio –la Costa Brava –y una forma de vivir muy
particular de los habitantes del Ampurdán (Gerona) –con sus costumbres, su mentalidad y manera de expresarse –para dar testimonio
de una realidad que estaba cambiando y corría el peligro de desapa-
recer. La autora conocía muy bien la zona y lo que estaba ocurriendo
en los pueblos de la Costa Brava. Desde 1932 todos los años pasaba los
veranos en la Escala con la excusa de ir a visitar a Caterina Albert.[43]
De esta forma pudo observar de cerca los cambios sociales y económicos que se estaban produciendo en los pueblos de la costa[44].

Viento de grop es una novela narrada en tercera persona y está di-
vidida en dos partes. La primera describe la forma de vivir de los pescadores y la llegada de los primeros turistas a La Cala durante los años
cincuenta[45], y la segunda parte, titulada «Segunda época», se centra
en el creciente impacto turístico en el pueblo a nivel cultural, geográfico, urbanístico y económico a partir de los años sesenta. La obra
presenta a unos personajes en un ambiente de pescadores y turistas en
el litoral catalán. Los protagonistas viven como pueden; unos son víctimas de la sensualidad y la pereza como Rafel, y otros de la rutina y

---

ral del turismo en la Costa Brava y el Maresme (1969) afirma que el principal objetivo
que ha llevado a los turistas a la Costa Brava radica en sus bellezas naturales: el buen
clima, los bosques y la playa, y la gran cantidad de calas y acantilados (146). De acuerdo
a los estudios de Duocastella las agencias de viajes explotaron estos rasgos distintivos de
la costa de Gerona para vender los viajes a los extranjeros.

43   Aurora y Caterina Albert se hicieron amigas desde que Bertrana y una compañera de
la universidad decidieron visitar a Albert en 1932 para entrevistarla y pedirle su apoyo
en un manifiesto feminista a favor de la paz. Necesitaban la firma de Albert pero la
escritora, como siempre muy diplomática, se negó. A pesar de ello, Bertrana quedó fas-
cinada con Caterina Albert y desde entonces estuvieron en contacto, compartiendo
inquietudes literarias y momentos agradables en la casa de la Escala de Caterina Albert
(Homenatge Póstuma a Caterina Albert 1).

44   *Viento de grop* forma parte de un amplio corpus de novelas de ficción sobre el boom
turístico en España que no están estudiadas.

45   Bertrana no especifica fechas en la obra pero, como explicaré más adelante, los hechos
en *Viento de grop* coinciden con el inicio del turismo en la Costa Brava a partir de los
años 50, en la primera parte de la novela, y la expansión del fenómeno turístico durante
la década de los 60, en la segunda parte de la obra. Para ello me baso en los estudios de
Lluís Mundet, José Antonio Donaire y Rosa María Fraguell, quienes han estudiado el
turismo en la Costa Brava durante el siglo XX.

el trabajo como Met[46], el padre de Rafel, a quien sólo le preocupa salir a pescar y cuidar de su huerto para alimentar a la familia. La trama consiste en la historia de Rafel, un joven pescador catalán que se enamora de Mabel, una extranjera inglesa que va a pasar el verano con su amiga Rebeca en La Cala.

Es interesante notar en la novela la forma en que dicho fenómeno afecta las relaciones entre los hombres y las mujeres. Las nuevas costumbres, más liberales y modernas que observan los lugareños provoca tensiones entre los autóctonos de La Cala y los turistas, especialmente entre las mujeres locales y las extranjeras. La percepción que tienen los catalanes de las extranjeras y la opinión de las turistas sobre los hombres de la península son reveladores de estas tensiones.

Los padres de Rafel, el protagonista, desean que su hijo siga con la tradición pesquera de la familia, pero Rafel detesta el oficio de pescador. Él sueña con ser chófer, tener un sueldo fijo y poder viajar como los turistas. El protagonista cree que junto a Mabel podrá escapar del tedio ambiente al que está sometido con su familia y que cambiará su destino, ya que Mabel es rica y le mantiene económicamente mientras ella veranea en La Cala. No obstante, cuando el buen clima y los días de sol y playa terminan, Mabel abandona La Cala para volver a Inglaterra y se olvida de su encantador y joven pescador. El fracaso sentimental deja destrozado a Rafel, pero mediante su historia con la extranjera el protagonista aprende a madurar y a afrontar la realidad, ya que al final de la obra Rafel asume la responsabilidad de cuidar a sus padres (los dos son muy mayores para trabajar y su padre se queda ciego), y deja el oficio de pescador para trabajar de chófer. Mediante esta trama, Bertrana demuestra que depender de los demás no es la solución y que la libertad y la realización personal se consiguen a través del propio esfuerzo y la independencia económica.

El microcosmos que proyecta Bertrana en *Viento de grop* es el de una sociedad tradicional, basada en un sistema de subsistencia económico local. En La Cala las gentes se alimentan y obtienen los recursos que necesitan para sobrevivir de la pesca y el cultivo de la tierra. Este tipo de vida tradicional cambia radicalmente con la llegada de los turistas al pueblo. Los extranjeros son individuos socialmente modernos y con suficiente solvencia económica para disfrutar durante

---

46   Met es la abreviación del nombre Quimet, el apelativo familiar catalán de Joaquim o Joaquín en español.

las vacaciones de los placeres y del ocio que ofrece la Costa Brava –
ámbitos a los que los caleños no tienen acceso–. En la novela los
turistas son los únicos que se pueden permitir el lujo de frecuentar
salas de fiestas como «El Oasis» o «La Peixera» porque en estos lugares se ofrecen espectáculos y bailes con orquestas, se paga para
entrar, se requiere cierto protocolo en el vestido y es obligatorio con-
sumir bebidas que suelen ser más caras que las de los bares locales. En
la novela, Rafel y su amigo Biel una noche van en busca de las extranjeras que conoce Rafel durante el día en la playa. Al llegar a «El
Oasis» ambos se quedan atónitos al observar la decoración del recinto
y la cantidad de músicos que divierten y entretienen a los extranjeros
(*Viento de grop* 20). El camarero, Marcel.linet[47], un muchacho del
pueblo, cuando ve a Rafel y a Biel en la entrada, les explica que si no
van a reservar una mesa y consumen mejor que se vayan porque ésas
son las normas de la casa (20). Marcel.linet sabe que los jóvenes del
pueblo como Rafel y Biel no pueden permitirse esos lujos. La mayoría
se dedica a la pesca y las ganancias que obtienen son las mínimas para
sobrevivir.

El fuerte contraste entre la pobreza de los habitantes y el bienestar
económico de los turistas también se ve representado en la forma de
pago. Si bien los extranjeros siempre disponen de dinero en efectivo
para pagar sus compras, los pescadores suelen comprar a crédito
porque hay días en los que salen a pescar y regresan a la costa sin haber
pescado nada para vender (60)[48]. Los padres de Rafel normalmente
compran los comestibles a crédito, y todo lo que no es de primera necesidad –como los electrodomésticos y los elementos decorativos –los
consideran un lujo. Rafel se compra un bañador por primera vez
cuando conoce a Mabel porque le da vergüenza que las extranjeras le
vean bañarse con unos calzones viejos (esto es lo que suelen hacer la
mayoría de los pescadores en el pueblo), y al no poseer efectivo lo tiene
que pagar a plazos (27). La vida de los pescadores es muy dura y así
lo subrayan las palabras del narrador:

> [Los pescadores pasan] toda una vida de sufrimiento y de trabajo
> sin conseguir el pequeño lujo de una nevera eléctrica, de un

---

47   Marcel.linet es el diminutivo de Marcel o Marcelino en español. Marcelito sería el dimi-
      nutivo en castellano.
48   En *Sociología y pastoral del turismo en la Costa Brava y el Maresme*, Duocastella comenta
      sobre el declive de la pesca en la Costa Brava debido a la explotación intensiva en el
      siglo XX.

televisor, de una lavadora mecánica, de un buen aparato de radio ...
Si todo iba bien y volvían con pescado no ganarían sino un puñadito
de pesetas [,] justito para pagar los comestibles que habían
adquirido a crédito. (60)

Los jóvenes como Rafel se sienten atraídos por el bienestar económico y las formas de vivir de los extranjeros. Para ellos los turistas
simbolizan todo cuanto ambicionan: libertad, prosperidad y
capacidad financiera para independizarse de los padres, viajar,
conocer mundo y divertirse. Rafel quiere ese tipo de vida y dejar atrás
la tradición pesquera de la familia porque este oficio no le permite
disfrutar del ocio. Para él la pesca es un trabajo agotador y angustioso.
Los pescadores tienen que trabajar día y noche sin descanso y por muy
poco dinero. Además es un oficio inseguro, no sólo por el peligro que
representa salir a pescar en embarcaciones tan pequeñas como la de
Met, sino también por la incertidumbre económica, ya que los pescadores de La Cala no tienen un sueldo regulado. Los pescadores viven
confiando en una buena pesca, «aquella que nunca o casi nunca venía.
Y aunque viniera no resolvería el problema de la existencia» (60).
Después de diversos enfrentamientos con su familia y de pasar por situaciones dolorosas, Rafel deja de ser pescador y decide trabajar de
chófer como su amigo Biel en una compañía de autobuses que trans-
porta a los turistas en una línea regular de la Costa Brava. Este oficio
además de permitir a Rafel mantener económicamente a sus padres
cuando Met se queda ciego, le proporciona mejor calidad de vida y
poder frecuentar aquellos lugares turísticos donde antes no le dejaban
entrar porque no tenía dinero para gastar. De esta forma, Bertrana
muestra cómo los jóvenes de la costa catalana pasaron en poco tiempo
del trabajo duro y monótono del campo y la pesca a trabajar en otros
oficios relacionados con el turismo –camareros, conductores de autobuses, taxistas, recepcionistas, etc. –, con el que recibían un salario fijo
mensual, y permitía a los individuos independizarse económicamente
y alejarse del control familiar[49].

Los problemas familiares y la rebeldía de Rafel subrayan la brecha
generacional entre padres e hijos desde que en La Cala llegan formas

---

49   Biel es otro ejemplo en la novela de los jóvenes que cambian de oficio. Antes que Rafel,
      Biel se plantó ante sus padres después de regresar del servicio militar para anunciarles
      que dejaba la pesca para trabajar de chófer. Es interesante notar la importancia del viaje
      en la vida de los protagonistas, ya que tanto Biel como Rafel toman decisiones impor-
      tantes y se sienten capaces de afrontar los problemas familiares después de haber salido
      del país, en el caso de Rafel, o alejarse de la familia por un tiempo, como Biel.

de vivir más modernas y europeas a través de los turistas. Rafel se va de La Cala y viaja a Londres, para reconquistar a Mabel, pero también para huir de las presiones familiares y de las críticas de sus vecinos. Éstos le culpan de hacer sufrir a sus padres porque ha dejado el oficio de pescador y de ser la vergüenza de la familia porque sale con una extranjera que le mantiene económicamente. El protagonista es consciente de que los conflictos que experimenta en su interior tienen su origen en las costumbres tradicionales y en su propia genealogía. La principal causa de sus problemas es la tradición familiar que le resulta asfixiante, por eso el protagonista decide irse a Inglaterra. Rafel se siente impotente en un ambiente resistente a los cambios y poco tolerante y respetuoso con las decisiones que él toma. Se puede decir que Rafel representa a las nuevas generaciones de españoles de los años cincuenta y sesenta que no soportan más el peso de la rígida tradición. Los jóvenes como Rafel están cansados de la vida aburrida, unívoca y sin grandes ambiciones de la gente del pueblo, por lo que deciden irse a otros países y superar el rol que les toca vivir según las normas tradicionales. A diferencia de sus padres, ellos quieren cambiar el mundo y romper con los convencionalismos sociales. En este sentido, la ceguera de Met la interpreto literal y figurativamente, como la incapacidad de los mayores de adaptarse a las formas de vivir que les ofrece la nueva realidad.

El turismo fue una auténtica revolución y un cambio radical en la mentalidad y en las costumbres de los catalanes. Durante el franquismo en Cataluña, como en toda España, se impuso una forma de vivir tradicional, religiosa y conservadora. La Iglesia tuvo un gran peso en la sociedad española y marcó la norma moral en la vida pública y privada de las personas. Algunos temas relacionados con el sexo, las relaciones de pareja y el rol de la mujer fueron tabú durante muchos años y ejerció un fuerte control en la vida de los individuos. La institución eclesiástica tuvo el monopolio especialmente en el marco de una sociedad rural tradicional, reprimida y represora, sobre todo con las mujeres. En este contexto, el turismo significó un cambio de costumbres que trastocó por completo la sociedad. Los más jóvenes descubrieron el placer de la diversión en los locales de los turistas y experimentaron otras formas de vivir lejos del control de los padres y las obligaciones familiares.

En este descubrimiento fueron fundamentales las relaciones de los

hombres con las extranjeras, ya que las relaciones de las mujeres catalanas con turistas eran impensables y la moral que se aplicaba a las mujeres era mucho más restrictiva. Quizás por eso Bertrana esta vez elige
a un protagonista masculino para narrar la historia en *Viento de grop*.
En la obra sólo son los hombres los que mantienen relaciones con las
mujeres extranjeras, Rafel con Mabel y Biel con Rebeca[50]. Los vecinos
de La Cala no ven bien que salgan con mujeres extranjeras, pero no
les critican por tener sexo con ellas. Los gestos de menosprecio los dirigen a las mujeres extranjeras y a las pocas autóctonas que frecuentan
los bares de los turistas. Los vecinos culpan a Mabel de la actitud de
Rafel, según la Ció «el chico no pega ni golpe desde que va con esta
cerda», y las vecinas opinan que la Gracieta del Peroler es una buscona,
porque por las noches sale a bailar con sus amigos de Barcelona y
Gerona a «La Peixera», un bar donde los jóvenes bailan a oscuras, muy
pegados y se bañan a altas horas de la madrugada en la piscina (*Viento
de grop* 41). El comportamiento de Biel y los comentarios de las
mujeres de La Cala ponen de relieve la doble moral que se aplica a los
hombres y a las mujeres, la represión sexual franquista y la educación
sexista que han recibido los habitantes de La Cala.

Según las observaciones de Eugenia Afinoguénova y Jaume Martí-
Olivella en «A Nation Under Tourists's Eyes: Tourism and Identity
Discourses in Spain» (2008) el contacto con los turistas en España facilitó que los hombres y las mujeres se liberaran de las rígidas pautas
de comportamiento. No obstante, esta liberación no fue igual para los
dos sexos, ya que el turismo contribuyó a perpetuar el machismo de
la sociedad española elevándolo a una práctica extendida, habitual y
reconocida socialmente (xxvii). Si bien las mujeres catalanas (y españolas) aprendieron nuevas formas de vivir y vestirse a través de los
modelos extranjeros, y se incorporaron al mundo laboral como consecuencia de la fuerte demanda turística, este hecho no las liberó del
lastre de la estricta tradición, sino que consolidó la diferencia ancestral
entre los sexos, condenándolas a seguir siendo objeto de la propiedad
de los hombres y esclavas de los trabajos domésticos. En *Viento de grop*
Bertrana señala estas cuestiones y las injusticias que viven las mujeres
de La Cala. Además de trabajar en el hogar, apoyar la economía fa-

---

50   Biel flirtea con Rebeca mientras está saliendo con su novia Roseta de Cal Pitiu, pero la
      inglesa lo rechaza porque ella también se siente atraída por Rafel igual que su amiga
      Mabel.

miliar, y ocuparse de los suyos, desde la llegada de los turistas, las mujeres se hacen cargo de los extranjeros que hospedan en sus casas. Caterina, después de cocinar, lavar y ordenar la casa, pasa las tardes en el puerto, sentada en el suelo cosiendo las redes para que su marido pueda salir al día siguiente a pescar. En medio de estas tareas la protagonista aún es capaz de sacar tiempo para arreglar la habitación de los turistas y servirles las comidas, y sin recibir ningún tipo de ayuda por parte de su hijo y/o su marido. Gemma Canoves y Montserrat Villarino Pérez en «Rural Tourism, Gender, and Cultural Conservation in Spain and Porgugal» (2008) observan que el agroturismo normalmente significa más dinero para la familia pero también mucho más trabajo para las mujeres:

> to have agritourists at home means more domestic work [for women.] The work involved in rural tourism becomes an extension of household chores, and of the woman's traditional role in taking care of [guests and] members of the family. (99)

Las autoras afirman que, a pesar de la remuneración económica, el agroturismo presenta limitaciones salariales y laborales para la mujer. La mayor parte de las ganancias suele destinarse a la manutención de la familia y a pagar los créditos del dinero invertido en el negocio. Además, el trabajo de las mujeres en el agroturismo se sigue viendo socialmente como una colaboración o asistencia en la casa en vez de un verdadero oficio. Según Cánovas y Villarino:

> until agritourism is considered a profession, providing a regular income, the women who have gone into this activity will continue to play a secondary role and will be subordinated to the person producing the main income, who is usually the man/husband. (100)

En *Viento de grop* Bertrana pone de relieve que el turismo en la península no contribuyó a eliminar la desigualdad de género sino que más bien reforzó la mentalidad machista española que durante años mantuvo a la mujer encerrada en el hogar cuidando de la familia y del marido.

A través de los pensamientos de los personajes masculinos, Bertrana proyecta lo que opinan los hombres de la península de las mujeres autóctonas y de las extranjeras. Biel suele decir a Rafel que los hombres deben casarse con una mujer de La Cala, aunque no sea tan bonita como las extranjeras. Según Biel todas las mujeres del pueblo son iguales, por eso da igual la que elija, lo importante es «tener una en casa que le haga la comida, le lave la ropa, le caliente la cama en invierno. Y quien dice calentar la cama, dice otra cosa, ya se entiende» (13). Biel quiere casarse con la Roseta de cal Pitiu, una muchacha del pueblo «boba, esmirriada y fea»(13), educada en un ambiente muy tradicional y religioso. Biel está interesado por la Roseta porque no tendrá que gastar mucho dinero para conquistarla. Sabe que las muchachas de La Cala, a diferencia de las extranjeras, han sido educadas para ser obedientes y sumisas. Se conforman con cualquier cosa y aceptan los caprichos y los vicios del marido sin protestar. Biel ha intentado tener sexo con Roseta pero ella siempre opone resistencia y se niega obstinadamente porque desea casarse «pura» para poder «lucir la flor de naranjo con todos los derechos y no exponerse a que el prometido la dej[e] después de haberla probado» (14). En *Viento de grop* Bertrana pone al descubierto el restrictivo sistema de valores al que estaba sometida la mujer en España. La autora denuncia la represión sexual y la mentalidad machista en un país en que las mujeres eran las eternas perdedoras de esa moral que consideraba a las mujeres inferiores a los hombres y las educaba para servir a los padres, a los hermanos y luego al marido. Bajo estas condiciones, la única salida posible para la mujer era casarse y perpetuar el ciclo secular.

El Estado y la Iglesia fomentaban esta forma de pensar de los hombres como Biel, los cuales se sentían atraídos por la belleza exótica de las europeas y aprovechaban cualquier ocasión para mantener relaciones sexuales con las extranjeras, sin además tener demasiada discreción, ya que para ellos significaba un triunfo y una medalla más para elevar su ego viril. En una sociedad rural donde las costumbres machistas estaban tan arraigadas, los protagonistas masculinos justifican su comportamiento aludiendo que las extranjeras vienen a España para eso, para tener sexo. Según Biel, «con éstas [, las turistas,] te las chalas, si puedes, y listos» (15). Para algunos hombres las turistas representaban el medio para canalizar sin escrúpulos la represión sexual que se vivía en España durante la posguerra. Manuel Vázquez Montalbán explica, con humor, en *Crónica sentimental de España* (1971) que durante los veranos en las costas españolas el Régimen franquista creó una vida y una moral «portátil» que al llegar el otoño substituían otra vez «por los calzoncillos de felpa y la contención» (173).

Los habitantes de La Cala establecen una dicotomía entre las mujeres foráneas y las autóctonas, la mujer-fácil-extranjera para divertirse y la mujer-puritana-autóctona para casarse, reforzando la distancia entre unas y otras. La importancia que alcanza esta dualidad en el pueblo provoca la inseguridad y los celos entre las mujeres locales, que culpabilizan a las extranjeras de las posibles infidelidades de sus novios. Así, Roseta, cada vez que aparece Rafel en busca de su novio Biel para salir y divertirse en los bares de los turistas, la protagonista tuerce «el morrito» y detesta a las extranjeras (*Viento de grop* 14). Las mujeres de La Cala tienen la escala de valores de la sociedad machista tan interiorizada que sólo pueden culpabilizar a otras mujeres del comportamiento censurable y ruin de los hombres. Los condicionamientos de la doble moral y la desigualdad de género en la obra aparecen como algo despreciable y deshumanizante.

La actitud más espontánea de las turistas crea una fuerte tensión entre las extranjeras y las mujeres de La Cala. Las últimas perciben a las extranjeras como un veneno que se apodera de los hombres de la costa y cuando las mujeres del pueblo hablan de las inglesas lo hacen despectivamente tratándolas de «cerdas» o «rameras» (39). Las reacciones de las mujeres del pueblo ponen de relieve su miedo a la sensualidad que exteriorizan las extranjeras. Sienten celos de las turistas y las ven como a unas rivales con mejores armas y preparación para conquistar a un hombre. Los vecinos de La Cala creen que la culpable de la enemistad entre Rafel y sus padres es Mabel: «la ramera de la inglesa [...] que tiene mucho dinero» mantiene a Rafel, por eso él ha perdido el entusiasmo por salir a pescar (39). Para Maria los hombres que viven de las mujeres son un «chulo» (40), y una vergüenza para la familia. Las mujeres del pueblo condenan que una mujer mantenga económicamente a un hombre, pero no que una mujer sea mantenida por su marido, su padre o su hermano. En el pueblo se valora a la mujer tradicional como la Roseta de Cal Pitiu, una joven formal, obediente, religiosa y sumisa que desea casarse y depender económicamente de su marido. Para ellas la obediencia y la aceptación del patrimonio familiar uniforme y estable es la base de su representación social, y están acostumbradas a adoptar un papel secundario basado en el cumplimiento de las funciones reproductivas y las tareas domésticas, tal como lo exigen las normas tradicionales.

En *Viento de grop* los turistas son representados como un «Otro» que despierta el interés de los autóctonos por lo desconocido, pero que se fija en la imagen estereotipada y exótica de las mujeres extranjeras que van a la península a pasar sus vacaciones. Tanto la descripción física, como la actitud y las costumbres de las extranjeras reflejan mundos diferentes y sugieren formas de vida distintas y más modernas que las de la península. Desde el primer momento Rafel queda sorprendido con la indumentaria de las turistas. Éstas se pasean por La Cala luciendo bañadores de formas increíbles «culotes y toreras rosa y azul cielo, que [dejan] ver la carne del vientre y de la espalda bronceada o simplemente quemada por el sol» (25-26). En la novela lo foráneo está representado por un prototipo de belleza que despierta la atracción sexual de los hombres de la península. El rostro de Mabel provoca la curiosidad y el deseo de Rafel por lo desconocido. A diferencia de las chicas del pueblo, Mabel es rubia, tiene los ojos verdes y «unas pestañas largas y rubias, casi blancas»; y cuando sonríe sus labios descubren la belleza de unos dientes blancos y brillantes como el más puro marfil (10). Estos rasgos no eran muy frecuentes en la península y son novedosos y exóticos para los hombres y las mujeres autóctonos.

Además de la apariencia física, los signos de libertad que demuestran las extranjeras suscitan el interés masculino. A Rafel le asombra la actitud liberal de Mabel y Rebeca cuando ambas expresan su opinión sobre el sexo. Ellas tienen sus propias «normas» para relacionarse con los hombres de la costa. Las dos han pactado disfrutar del sexo mientras estén en La Cala sin poner en peligro su amistad: «[nosotras] nunca pelear por pescadores. Nunca estorbar una a otra. Tú hacer el amor a mí, ella irse. Tú hacer el amor a ella, irme yo» (11). Las palabras de Mabel reflejan una forma de pensar práctica y liberal poco común en las mujeres españolas. Para estas extranjeras, el placer y el divertimiento es lo más importante, especialmente mientras pasan el verano en la Costa Brava lejos de Inglaterra. Bob McKercher y Thomas G. Bauer observan en «Conceptual Framework of the Nexus Between Tourism, Romance, and Sex» (2003) que el viajero se suele sentir más libre que los autóctonos en los países donde viaja y encuentra en el viaje la oportunidad de poder hacer aquellas cosas que normalmente no haría en su casa. En este sentido, el viaje tiene un papel muy importante en las relaciones sexuales:

> it offers a liminal environment away from the constraints of home, which reduces inhibitions and provides increased opportunities for sex. [...] By traveling, a person can get the opportunity to express

things that he or she would otherwise suppress. Moreover, the person can do this in a nonthreatening manner. Everyone knows that the vacation is a temporary respite from one's normal life and that by traveling away from one's usual place of residence and work, the person gains a degree of anonymity and freedom. (10-11)

Cuando Rafel visita a Mabel en Inglaterra observa que su comportamiento es distinto. No es tradicional como el de las mujeres de La Cala, pero tampoco tan efusivo y liberal como el que demostraba durante las vacaciones en La Costa Brava. Ciertos comportamientos, especialmente en las mujeres, son más tolerables durante los viajes y las vacaciones que en el propio país, aunque se trate de un lugar tolerante y más flexible en cuanto a los derechos de las mujeres como Inglaterra. En consecuencia, el viaje se proyecta en la novela como una experiencia enriquecedora para la mujer extranjera porque el anonimato en que viven las inglesas en la península les ayuda a explorar comportamientos más liberales y les permite escapar del rol femenino que les impone la sociedad británica.

Las extranjeras que vienen a la península llegan con una idea muy estereotipada sobre los españoles. Los hombres de la península son percibidos como unos individuos amables, honrados, juerguistas y apasionados. A Mabel y a Rebeca les atrae la idea de vivir un romance con un joven catalán: corpulento, fuerte, de tez morena, pelo oscuro y muy machote. Para las inglesas todos los españoles son románticos, guapos, valientes y «good lovers» (*Viento de grop* 10). Así es como Mabel ve a Rafel y a los hombres que conoció anteriormente durante su estancia en otras ciudades de la costa catalana. Según las protagonistas la compañía de un joven español bello, honrado y amable forma parte de los requisitos interesantes que motivan realizar el viaje a un lugar como España, conocido por su diversión y buena condición climática. Eugenia Afinoguénova, Jaume Martí Olivella, John K. Walton, María Bolaños y Annabel Martín, en sus respectivos estudios sobre el turismo en España durante la posguerra, observan que las agencias de viajes y las políticas del Fomento de Turismo contribuyeron a desvalorizar las tradiciones propias de las regiones de la península (como la vasca, la catalana, la andaluza y la gallega), promocionando en el interior y en el extranjero una cultura de pandereta en la que una parte de la cultura española, la más alegre, la más ruidosa, vistosa y torera, y también la menos crítica era la que tenía que simbolizar la cultura de todos los pueblos del Estado. Según Annabel

Martín en «Miniskirts, Polka Dots, and Real Estate: What Lies under the Sun?», esta fue «the stragegy of putting Spain up for sale through a flokloric depiction of authenticity for foreign visitors to consume» (Martín 219)[51]. Uno de los ejemplos de desvalorización cultural en la novela se observa en la tendencia a nombrar los edificios, bares, hoteles, cafeterías y salas de baile destinadas a los turistas con nombres extranjeros o exóticos: «La Sirena Alegre», «Glacier», «El Oasis» y «Hotel Coral».

Bertrana se muestra muy severa y molesta con esta despersonalización de Cataluña y en *Viento de grop* lo expresa de una forma dual: por un lado, critica duramente el hecho de que el catalán sea una lengua prohibida y que los dialectos se consideren formas de expresarse de segunda clase; y por otra parte, ridiculiza a los turistas –en este caso a las extranjeras, –que llegan a la península ignorando totalmente la cultura de la tierra que visitan y sólo se interesan por el sol, el divertimiento y el sexo con los hombres españoles. Asimismo, la autora pone en duda la mitificación creada por el Estado para vender a los turistas una España nueva, diferente y sin problemas (económicos, sociales y políticos), y critica la interpretación de lo que ven las extranjeras basándose en sus ideas preconcebidas[52]. Al principio, el encuentro de Mabel y Rebeca con Rafel es un poco frustrante para las protagonistas, porque Rafel aparece como un joven tímido, miedoso y vergonzoso, que habla el catalán, va mal vestido y nada como «una rana» (*Viento de grop* 8). Pero después de conversar con él, y que Rafel les diga que es pescador el rostro de las dos amigas se ilumina: «–¡Oh! ¿Seguro? ¿De veras pescador, tú? [...] A mi gustar mucho los Pescadores. Pescador español muy morenos, muy machotes. Good lovers» (10). Este acontecimiento pone de relieve la obsesión de las turistas por tener relaciones con don juanes españoles y la mala información que los extranjeros reciben en sus países sobre España.

Esta suplantación cultural también afectó a las tradiciones religiosas. En la obra, Bertrana muestra cómo la Iglesia católica va perdiendo supremacía como salvaguardadora de la moral y, por lo tanto,

---

51   La cursiva es mía.
52   En la introducción de *Spain Is (Still) Different* (2008), Eugenia Afinoguénova y Jaume Martí-Olivella explican el interés del gobierno franquista por mostrar España turísticamente atractiva a los extranjeros y las estrategias que utilizaron para atraerlos a la península ofreciendo viajes y estancias muy baratas y promoviendo el país a través de campañas publicitarias con el lema de «Spain is different» (xi-xxxi).

de las estrictas normas de comportamiento que afectan sobre todo a la mujer. De este modo, Bertrana advierte que esa moral católica, tradicional, puritana, superficial y condenadora de cualquier manifestación de libertad y de sensualidad, se vuelve cada vez más hipócrita que nunca, y se complementa, no se substituye aún, por los valores basados en el consumo y la posesión de riqueza.

En el pueblo la gente se queja de que, debido a los extranjeros, la misa es demasiado larga porque ahora los curas leen el Evangelio en cinco idiomas: latín, castellano, francés, alemán e inglés (80). Según los vecinos, la Iglesia ha recibido órdenes del Ministerio de Información y Turismo de adaptar los rezos y sus costumbres según el público que les atiende. El objetivo de esta nueva política del Estado es hacer más agradable la estancia de los turistas en la costa y hacerles sentir como en su casa. Los vecinos no aprueban estos cambios porque ahora la iglesia siempre está llena y difícilmente encuentran un lugar donde sentarse. Tampoco les parece lógico que el cura ya no diga nada a las mujeres que van a misa medio destapadas «sin mangas, sin medias [y] sin nada en la cabeza» (79). Antes las mujeres tenían que seguir ciertas normas relacionadas con la indumentaria para acudir a la iglesia, sin embargo, desde la llegada de los extranjeros, las cosas han cambiado en La Cala: «posaderos, tenderos y clero no piensan más que en halagar al turista» para ganar más dinero (83).

Hans Magnus Enzensberger en «A Theory of Tourism» (1996) afirma que el fenómeno turístico contribuyó a homogeneizar la sociedad a nivel cultural y geográfico, pero también a nivel social y económico, ya que muchas personas mejoraron su estatus social (128). En La Costa Brava muchos catalanes supieron aprovechar el momento. Vendieron o adaptaron sus propiedades para ofrecer servicios a los turistas (Mundet 110). En la novela, el barrendero municipal del pueblo, aconsejado por un inversor, convierte el establo donde guardaba la mula y el carro en una lujosa sala de baile, y al poco tiempo, gracias a las ganancias que obtiene, deja su antiguo oficio y se hace construir una suntuosa torre junto a la playa de La Punta (*Viento de grop* 19). Otros habitantes como Cosme y Gloria venden sus tierras junto al mar, edifican un segundo piso en su casa y lo transformaron en una pensión (80). Los que no tienen propiedades para vender, ni dinero para invertir alquilan ilegalmente los cuartos de sus viviendas a los extranjeros para ganar algún dinero. Este es el caso de

Caterina y Met, los padres de Rafel, quienes ofrecen el cuarto de Rafel a los turistas mientras el protagonista se desplaza a Londres en busca de su novia Mabel.

Los historiadores y geógrafos que han investigado la evolución turística en La Costa Brava durante el siglo XX –Luis Mundet Cerdán, José A. Donaire y Rosa María Fraguell por citar algunos ejemplos–, estructuran el turismo en el litoral catalán en tres etapas: el *Prefordismo* (1900-1950), el *Fordismo –artesanal* (1950-1965) e *industrial* (1965-1985) – y el *Postfordismo* (1985-2000). El *Prefordismo* (1900-1950) se caracteriza por ser una etapa en la que llegan pocos turistas a la costa, pero con un elevado nivel cultural y económico. A diferencia de los demás periodos, en el *Prefordismo* hay una fuerte voluntad por parte del gobierno y el turista de conservar el paisaje y la identidad cultural del lugar (Mundet Cerdán 109). Durante el *Fordismo artesanal* (1950-1965) la inesperada llegada de grandes cantidades de turistas da lugar a la improvisación de los vecinos y los municipios para acomodar como sea a los extranjeros. Es una etapa de pocas inversiones de capital y las pocas aportaciones económicas vienen de fondos locales o privados. La recuperación económica del país aún es muy lenta y el gobierno no tiene dinero para construir, por eso básicamente se adaptan las antiguas viviendas y se reconstruyen los hoteles que tienen los lugareños de los pueblos. La situación es distinta en el *Fordismo industrial* (1965-1985). A partir de entonces, los pueblos de la costa catalana contaron con una estructura claramente capitalista internacional. Todos los esfuerzos se centraron en la oferta estandarizada, homogénea y sin personalidad, y se construyeron hoteles, restaurantes y segundas residencias de forma desmesurada. Según los estudios de Mundet en 1960, en la Costa Brava, los hoteles de una mediana de 50 plazas pasaron a tener el doble de habitaciones en 1980 y los domicilios de verano superaron por primera vez las viviendas locales (Mundet 112). El *Postfordismo* (1985-2000) de acuerdo a los autores, tiene como objetivo la rentabilidad del equipamiento, la re-distribución del espacio y la conservación del medioambiente. En este sentido, se trata de una etapa más sensible hacia el impacto que provoca el turismo en el lugar de acogida.

El término *Fordismo* lo suelen utilizar los autores para definir una etapa del capitalismo y para subrayar que el sistema económico también se acabó extrapolando al ámbito turístico, teniendo como máximo exponente el turismo de masas y el paquete turístico barato a un destino de sol y de playa (Mundet 108)[53]. Asimismo, las etapas del turismo en la Costa Brava y el capitalismo se caracterizan por la *fabricación* en masa de unos productos estándares, que no se diferencian de los otros y que ofrecen muy pocas posibilidades de elección a sus destinatarios.

El ambiente que proyecta Bertrana en *Viento de grop* es una ilustración elocuente de las fases del modelo turístico que describen los citados autores. De forma similar al *Fordismo artesanal*, en la primera parte de la novela el desarrollo turístico se caracteriza por el crecimiento improvisado y espectacular del turismo debido a la ininterrumpida demanda. Durante este primer período, los vecinos reconstruyen las viviendas, alquilan las habitaciones a los turistas y se expande la zona urbana, dando lugar al crecimiento espontáneo y a la especulación. El trato de los dueños de la casa con los inquilinos es directo y la estructura empresarial que se desarrolla en La Cala es local y familiar.

Durante el *Fordismo industrial*, el espacio público y el paisaje de las áreas regionales y singulares de La Costa Brava se convirtieron en una zona productiva y en una mercancía para vender a los turistas (Donaire 5). La aprobación de la *Ley del Suelo* en 1956 dejó sin validez las normas para la protección del medioambiente de La Costa Brava elaboradas por la Comisión de Ordenación Urbana en 1952. El crecimiento expansivo del turismo, la negligencia de los organismos públicos y la lejanía de la administración central hizo posible, según los estudios de Mundet Donaire y Fraguell, que el crecimiento urbanístico de La Costa Brava se transformara en un verdadero *laissez faire*. La total libertad de construcción y la falta de control en el territorio de la costa generó la fragmentación y el desorden en los pueblos. Los espacios urbanos se concentraron en la parte del litoral con fácil acceso a las playas. El crecimiento urbanístico se desarrolló de forma muy rápida y agresiva con el entorno, y el paisaje, estéticamente, quedó totalmente degradado en algunas zonas de la costa causando daños ecológicos irrecuperables (Mundet, Donaire y Fraguell 84-85).

En la segunda prate de *Viento de grop* Bertrana muestra cómo La

---

53   El origen de la palabra *Fordismo* se encuentra en el modelo empresarial de Henry Ford (1863-1947), quien fue difusor del método de fabricación en cadena, el cual permitió a miles de consumidores acceder por primera vez a la posesión de un automóvil (el Ford T de color negro, el único que había) (Mundet 108).

Cala pasó velozmente de un entorno natural a un lugar desordenado y caótico. Cuando Rafel regresa a La Cala después de haber pasado un año en Inglaterra prácticamente no reconoce el pueblo. La demanda turística había estallado. Ahora, además de los extranjeros, llegan viajeros de otras regiones de Cataluña y de la península, y «en los hoteles y en las pensiones, ya no cabe ni un alfiler. Por todas partes se escuchan demandas de habitación. Duerme gente incluso en la despensa y la bodega de las casas. Y todavía queda personal para acomodar» (82). La llegada masiva de turistas provoca que el pueblo quede colapsado por el tráfico, convirtiendo el lugar en un auténtico caos:

> El auto-correo de Figueras llegó a La Cala con más de media hora de atraso. Venía abarrotado de viajeros, muchos, de pie en el pasillo, y hasta en la entrepierna de los que habían podido sentarse [...] Los coches particulares que bajaban y subían por la Calle Mayor, tuvieron que detenerse. Se produjo un atasco. Los conductores tocaban las bocinas. Nadie se movía. Y el alboroto aumentaba [...] Las calles principales del pueblo se veían invadidas por una multitud de turistas, comarcales, nacionales y extranjeros. (89)

El espacio público y las aceras, que «no eran propiamente calzada, más bien torrentera o arenal» (90), se hacen prácticamente intransitables, ya que están invadidas por la multitud de viajeros que pasean y por las aglomeraciones de productos que venden las tiendas de suvenires. La mayoría de las calles de La Cala son demasiado estrechas, se habían construido «muchos años atrás cuando calculaban que pasarían tres o cuatro personas por hora [y ahora] pasaban miles» (90). Los vecinos se quejan de los inconvenientes que les está causando el turismo y cada vez son más frecuentes las restricciones de agua. El municipio no está preparado para abastecer las necesidades de todos los residentes durante los meses de verano. Durante ese período, ¡el pueblo triplica su población! Lo mismo sucede con las tiendas de comestibles. No hay suficientes en la aldea para abastecer a tanta gente, lo que provoca largas colas en la entrada de los colmados y hace subir los precios de los alimentos (91). Las calas ya no son lugares tranquilos para descansar, ahora están invadidas de extranjeros. Por las tardes los pescadores utilizan sus barcas para dar paseos a los turistas. Los llevan a las cuevas cerca de los acantilados hasta perder la luz del día y cuando están dentro encienden una luz para sorprenderlos con las «estalactitas y estalagmitas que esparcían todo de reflejos brillantes»

(88). Los extranjeros disfrutan del espectáculo y los pescadores obtienen un buen sobresueldo, ya que los turistas les pagan bien.

En la novela Bertrana critica la pobreza y el atraso de los pueblos catalanes. A pesar de los esfuerzos del gobierno por querer promocionar al exterior la imagen de un país «diferente», moderno, poblado por ciudades cosmopolitas e industriales, en el imaginario extranjero permanece la idea de España como una cultura anclada en el pasado insertada en los valores folklóricos y rurales que emanan del mito romántico (Annabel Martín 220). Los turistas saben que al llegar a España se van a encontrar con un país gobernado por un dictador sin interés alguno por evitar el estado primitivo y subdesarrollado en el que se encontraba España en comparación con la mayoría de los países europeos. Durante los años 60, cuando los turistas se instalan en la costa observan un país empobrecido de costumbres bárbaras muy deteriorado y abandono por la falta de inversión. Los veraneantes en España tienen que enfrentarse a unas comodidades prácticamente inexistentes y a unas comunicaciones interurbanas precarias (Afinoguénova 38). En la obra, la falta de recursos es el principal motivo por el que Mabel decide irse de La Cala en cuanto llega el invierno. La inglesa está harta «del mal tiempo y del apartamento inconfortable» (51). Las ventanas no cierran, el viento frío entra por ellas y el suelo de ladrillos hace imposible el invierno. Las casas en España no tienen nada que ver con las de Londres. Allí, las viviendas están equipadas para soportar las inclemencias del tiempo, todas tienen calefacción, el suelo es de moqueta y están construidas con buenas estructuras que aíslan las casas del frío. En la costa catalana tan sólo algunas residencias, como el apartamento de Mabel, cuentan con una modesta chimenea para calentarse, que además de ser un nido de polvo, cuando la encienden, el humo se esparce por toda la casa y lo invade todo. Por eso, finalmente Mabel decide regresar a Londres.

El turismo contribuyó a degradar el territorio y a fomentar una economía basada en la propiedad privada y el capitalismo, y también a transformar las costumbres, la cultura y la lengua. A Bertrana le preocupa la pérdida de las señas de identidad cultural catalana en la Costa Brava. En el prólogo de *Viento de grop*, la autora afirma que a finales de los años 60, en La Costa Brava «la lengua menos hablada e [ra] el catalán» (1). La prohibición del catalán en todo el territorio español desde 1939 tiene gran parte de culpa, pero también es verdad que esta despersonalización cultural en el litoral catalán fue mayor debido al impacto turístico. Según las observaciones del narrador en *Viento de grop*, en La Cala:

> desde que el pueblo entero vivía exclusivamente del turismo, [los comerciantes y la gente del pueblo] se habían puesto a estudiar idiomas. Chapurreaban el francés y el inglés, y hasta unas palabras de alemán, las justas para hacerse comprender [.] De mayo a octubre olvidaban el catalán [y durante] el verano, todo era: Bon jour, madame, ave revoir, Monsieur, good morning sir, Good by, sir, thank you, madam. Gute morgen, auf viedersehen, danke sehr. (92)

En Cataluña, normalmente la actitud lingüística de los autóctonos hacia los extranjeros (y los inmigrantes españoles) ha sido la substitución del propio idioma por otro, es decir, la castellanización o la extranjerización. Tradicionalmente se ha considerado un gesto de cortesía hablar el español u otro idioma a las personas que no hablan el catalán[54]. Esta actitud supuestamente cortés, de dirigirse en castellano o en otro idioma a los foráneos, es peligrosa en la medida en que dificulta la integración, facilita la pérdida del catalán y el bilingüismo se da de forma unidireccional, ya que los individuos que visitan el lugar no se esfuerzan en aprender el idioma, y lo mismo puede decirse que ocurre con el castellano. En la introducción de la novela, Bertrana observa que los extranjeros como Mabel utilizan un español lleno de imperfecciones, «lo conoce[n] superficialmente y no se esfuerza[n] nada en aprenderlo» (1). Tampoco se esfuerzo mucho en hablar catalán. Tan solo al final de la novela la protagonista incorpora algunas palabras catalanas en sus conversaciones con Rafel, las cuales aprende por la persistencia de Rafel en utilizar el catalán.

Los resultados de esta falta de consideración del turista hacia el idioma del país que visita son nefastos, sobre todo para las lenguas que se hablan en la península y que, como el catalán, no son tan conocidas en el extranjero. Normalmente los turistas que visitan España y Cataluña conocen el castellano y cuando los catalanes les escuchan pronunciar algunas palabras en español suelen continuar la conversación

---

54   A partir de la democracia, en Cataluña, las políticas lingüísticas de la Generalitat promovieron el uso del catalán a nivel oficial y privado e insistieron en que a los no-catalanoparlantes se les hablara en catalán para que aprendieran con más facilidad el idioma y fuera más rápida su integración. Sin embargo, hoy en día debido al empuje globalista y a las tendencias anti-asimilacionistas en Europa cada vez es más difícil promover el aprendizaje del catalán. También hay que tener en cuenta el sentimiento anticatalán en España desde el referendum para la independencia de Cataluña en 2017.

en dicho idioma. De esta forma la comunicación con los extranjeros en catalán es casi imposible, y los turistas y los inmigrantes difícilmente pueden apreciar y adaptarse a la forma de vivir y a la cultura catalana.

En las zonas rurales como La Cala, a diferencia de las grandes ciudades, las tradiciones autóctonas están más arraigadas y los autóctonos no están acostumbrados a este tipo de gestos, más bien urbanos, por la falta de experiencia con lo foráneo. Por ejemplo, en La Cala, al principio de la novela, raras veces los vecinos utilizan el castellano para comunicarse con las extranjeras; siempre les hablan en catalán. Con ello, Bertrana destaca que en los pueblos la resistencia a dejar de hablar el catalán fue más fuerte que en las grandes ciudades. La lengua que utilizan los caleños está llena de errores gramaticales, expresiones catalanas coloquiales, palabrotas y dichos populares de la región del Ampurdán, con lo que Bertrana no sólo hace visible el habla popular de los pueblos, sino que también pone de relieve que los catalanes no pudieron estudiar el catalán en las escuelas porque estaba prohibido. Por eso los protagonistas de *Viento de grop* utilizan estructuras lingüísticas incorrectas y a veces mezclan el castellano y el catalán, por ejemplo, Met a veces dice «sabes» en vez de «saps» en catalán.

Es importante señalar que, a pesar de todo, en *Viento de grop* no aparece la más mínima referencia a un conflicto lingüístico castellano-catalán cuando los protagonistas autóctonos hablan en catalán y los extranjeros se comunican con ellos en castellano. Ambos se entienden perfectamente. Es más, a medida que los extranjeros como Mabel pasan más tiempo en La Cala utilizan más palabras en catalán. Esto es posible porque Rafel tan solo le habla catalán a Mabel. Gracias a la inmersión lingüística la protagonista es capaz de aprender el idioma del país que visita. De esta manera, Bertrana demuestra la utilidad de hablar en catalán a los extranjeros y que la convivencia del catalán con otros idiomas y el bilingüismo (bidireccional) en Cataluña (catalán y castellano) son recomendables y posibles.

El lenguaje que utiliza Bertrana es un idioma vivo, directo y coloquial que recuerda la misma espontaneidad de los pescadores de un pueblo de la costa del Ampurdán[55]. La voluntad de la autora es acercarse a la realidad social de la Costa Brava y subrayar el efecto de fi-

---

55 El esfuerzo de la autora por preservar y plasmar el lenguaje coloquial de dicha época y lugar es notable en *Viento de grop* en comparación con sus otras obras. Y debo admitir que el uso de dicho lenguaje ha supuesto un mayor nivel de dificultad al traducir la novela al español. Algunas de las palabras utilizadas en los diálogos ya no se utilizan y/o no están registradas en ningún diccionario.

delidad y autenticidad hacia la sociedad que quería representar a
través de su pluma:

> Siendo, como ha de ser, y generalmente es, la novela, un reflejo más
> o menos exacto de la vida real, en todos y en cualquiera de sus as-
> pectos, esta amalgama de idiomas no representa otra cosa, lo repito,
> que un afán mío de fidelidad a una realidad circunstancial. (1)

De este modo, la incorporación del dialectismo en los diálogos de
los personajes –en la novela original– requiere un esfuerzo adicional
a los lectores para comprender el texto, ya que no se incluyen traduc-
ciones de dichas palabras y de las expresiones en inglés, español y
francés, pero ayuda a diferenciar mejor la gente local de los personajes
foráneos. En este sentido, *Viento de grop* es una novela muy insólita,
que rompe con los esquemas de la literatura tradicional al incorporar
una nueva manera de escribir en la novelística de posguerra para rei-
vindicar el uso del catalán y todas las lenguas con sus peculiaridades
y dialectos, tan importantes como los idiomas oficiales.

Como en otras de sus novelas, en *Viento de grop* Bertrana reivindica
la necesidad de preservar la lengua y las costumbres catalanas en una
región ocupada militarmente por el gobierno franquista desde 1939
e invadida por los turistas a partir de la década de los 50. La elección
de Bertrana de utilizar el catalán para escribir *Viento de grop* es un
gesto subversivo y de protesta. Por una parte, la autora transgrede las
normas oficiales al escribir la novela en un idioma reprimido por el
franquismo[56] y, por otra parte, a través de las expresiones vernáculas
en los diálogos Bertrana denuncia la falta de atención hacia las lenguas
particulares de las regiones de Cataluña. Asimismo, resulta signifi-
cativo que Bertrana utilice un lenguaje coloquial y popular en *Viento
de grop* en un momento en que lo más común y lo más aplaudido por
el Régimen durante la posguerra era escribir con un registro formal
y un estilo sumamente pomposo y grandilocuente (Merino 8-9) . El
uso del lenguaje y la interpretación literaria que hace Bertrana del fenómeno turístico en La Costa Brava de la década de los años 50 y 60
pone de relieve la voluntad de la autora en dar testimonio de un hecho
real y concreto que afectaba a Cataluña (y a España) en múltiples

---

56 Aquí es importante mencionar que las asfixiantes condiciones políticas que conforma-
ron el sistema represivo franquista durante la posguerra más inmediata, iniciaron un
tímido debilitamiento progresivo que permitió durante la década de los sesenta una
relativa flexibilización en la edición de los libros catalanes. Según Josep Massot
Muntaner, esto fue gracias a la desaparición de una gran parte de las trabas represivas
de la censura (88).

cambios (económicos, culturales, lingüísticos y sociales) a menudo contradictorios y negativos para el entorno geográfico y para las relaciones entre los hombres y las mujeres.

Viento de grop en el cine. Adaptaciones fílmicas y el cine comercial.

Las relaciones entre el cine y la literatura, y sobre todo, la concepción que de éstas se ha ido teniendo ha ido cambiando a lo largo de la histora de las adaptaciones cinematográficas en España (Gimferrer 128). Durante la época contemporánea las diferentes tendencias artísticas, la incorporación de nuevas técnicas más modernas, los imperativos comerciales de la industria del cine y la influencia de factores socioeconómicos, han originado distintas tipologías de adaptaciones. Pío Baldelli en su estudio *El cine y la obra literaria* (1970) propone cuatro posibles formas de entender y clasificar las adaptaciones fílmicas. La primera, es lo que Baldelli llama «El saqueo de la obra literaria», de la que se extreaen la trama, las grandes sensaciones y los personajes de la obra original, con el único objetivo de vender el film y «explotar el éxito comercial» al máximo (9). A menudo este procedimiento va unido a procesos de simplificación, como la reducción del diálogo, el número de personajes y la supresión de todo conflicto social, político o económico. En este tipo de adaptaciones lo que interesa no es «hacer arte sino vender: vender a la masa de espectadores [para asegurar] una cuota mínima, el precio de la entrada al cine» (9).

La segunda posibilidad que cita el investigador italiano es «El cine al servicio de la obra literaria», es decir, en estos films el director transfiere y registra escrupulosa y fielmente el texto narrativo a un lenguaje cinematográfico, evitando intrusiones en la medida de lo posible. Tal como el propio título indica, el objetivo del productor aquí es transmitir el conocimiento de la obra literaria a los espectadores (36). La tercera opción, es lo que Baldelli denomina «La aparcería entre cine y literatura», en la que el productor intenta completar el texto literario con añadidos cinematográficos, pudiendo caer en el grave error de un «híbrido que pretenda dinamizar el estático texto teatral o literario con las acrobacias de la cámara y la variación de los escenarios» (42). La última posibilidad que Baldeli plantea es «La plena autonomía del film respecto del texto literario»; este tipo de adaptación corresponde a aquellos casos en los que el director impone su signo personal al texto literario, consiguiendo subordinar o distanciar la obra literaria de la del film. En consecuencia, el texto original tan sólo es un pretexto o punto de partida para el cineasta (63). En este grupo se encuentran muchas de las adaptaciones de Rafael Azcona, Luis Buñuel o Carlos Saura, quienes emplean la literatura como un vehículo inicial para expresar sus propias ideas y creatividad. Estas producciones contrastan notablemente por su personalidad e independencia con producciones sin estilo propio, ya que éstas últimas están al servicio de las empresas cinematográficas.

La larga agonía de los peces fuera del agua (1970) dirigida por Francesc Rovira Beleta, basada *Viento de grop*, se corresponde con el tipo de adaptación cinematográfica denomidada por Baldelli: «El saqueo de la obra literaria», con la particularidad de que en este caso el «saqueo», Rovira Beleta, lo lleva al extremo. El cineasta presenta una versión muy distorsionada en *La larga agonía de los peces fuera del agua* debido a los recortes, los cambios y los giros que introduce. Cuando Aurora Bertrana vio la película en una proyección privada quedó muy decepcionada. La autora dijo que «el film no se parecía en nada a la novela y que no denunciaba a Rovira Beleta porque le caía simpático» (Bonnín 212). En *La larga agonía de los peces fuera del agua* las críticas sobre la falta de recursos y la pobreza en España se omiten y se muestra un ambiente civilizado, moderno y desarrollado, capaz de ofrecer comodidades, servicios, diversión y atractivos culturales que deslumbran a los turistas. Tan solo se intuye el atraso y la pobreza en una sola escena en la que Eva (Mabel en la novela) se queja de las incomodidades de su apartamento una vez terminado el verano y decide irse a Londres porque allí las casas están mejor equipadas para protejerse del frío.

Rovira Beleta explica en una entrevista con Carlos Benepar que «la novela de Aurora Bertrana fue lo mejor que pud[o] encontrar para [su] propósito de hacer una película con Joan Manuel Serrat» (Benpar 127). El principal objetivo del cineasta era utilizar la obra de Bertrana para promocionar al cantautor catalán y sus canciones en uno de los momentos más importantes de la carrera musical de Serrat. No obstante, canciones del cantante en el film hay muy pocas. Se incluyen dos de temática otoñal: «Tiempo de lluvia», que Serrat canta en dos ocasiones, la primera al inicio del film y la segunda en la escena donde el cantautor se presenta al festival musical de la isla de Wight; y «Balada de otoño», que aparece en la segunda parte de la película cuando Serrat canta por las calles de Londres acompañado por su amiga Veggie para ganar dinero. También se incorpora un canto de felicidad «Bon día» y un fragmento de la canción «La leyenda de los amantes ahogados» que curiosamente nunca se llegó a registrar discográficamente (personal.telefonica.terra.es 2). La poca variedad musical que se presenta en el film quizás tiene algo que ver con el conflicto de Serrat en 1968 en el festival de Eurovisión, donde el cantautor fue substituido por la cantante Massiel en el último momento para representar a España porque Serrat se negó a cantar el famoso «La, la, la» en castellano. En consecuencia, el Régimen franquista vetó la aparición de Serrat en la radio y la televisión nacional durante un tiempo.

En *La larga agonía de los peces fuera del agua* se moderniza el material narrativo y se realizan cambios que alteran el verdadero trasfondo de la obra original. El lugar donde transcurre la acción principal es Ibiza, en vez de La Costa Brava y se substituyen los turistas por los hippies. Rovira Beleta explica a Benpar que cambió a los veraneantes por los hippies porque los turistas «quedaban muy apartados de la historia que quería proyectar» (Benepar 127). Su objetivo con la película, como ya mencioné, era promocionar a Serrat y sus canciones por eso decidió hacer una película comercial destinada especialmente a los fans del cantautor y a un público joven (127). Seguramente Rovira Beleta consideró coherente contextualizar la película en el ambiente bohemio de Ibiza, porque entonces estaba muy de moda la isla y representaba todo un mito para el movimiento hippie y juvenil de la época.

El rodaje de la película se realizó durante el verano de 1969, en Ibiza y en Londres, y se estrenó en Barcelona en 1970. Algunos actores principales, además de Joan Manuel Serrat, son Linda Cole (interpreta a Eva, la extranjera que vive un romance con Joan –Rafel en la novela–), Emma Cohen (es María en el film, la novia ibicenca del protagonista) y Danny Ross (es la hippie francesa llamada Viggie que Joan conoce en Londres). La película fue seleccionada para representar a España en el Festival Internacional de Mar del Plata (Argentina) pero no llegó a ser nominada porque el evento se canceló. Sin embargo, sí obtuvo el segundo premio del Sindicato Nacional del Espectáculo en 1970 (Quesada 318). En cuanto a los beneficios económicos, Rovira Beleta explica a Benepar que la película se vendió bien en el extranjero, pero en España no consiguieron los resultados comerciales que esperaban:

> Yo creía que [la venta del film] iría mejor al tener a Joan Manuel Serrat [como protagonista], ya que por aquel entonces [el cantautor] tenía muchos seguidores; pero con los fans de cantantes sucede lo mismo que con los aficionados al fútbol que luego no van al cine a ver las películas de fútbol. (Benepar 132)

En total se hicieron tres versiones del film, una catalana, otra castellana y una tercera pensada para venderla en el extranjero. Esta última incluye escenas que no fueron cortadas por la censura española, como un desnudo de Joan Manuel Serrat al principio del film lanzándose al agua y unas imágenes de Serrat paseándose por las calles de Londres donde se ven los Peep shows anunciando espectáculos de striptease (132).

A pesar de que algunas partes del film proyectado en España fueron censuradas, cabe destacar que *La larga agonía de los peces fuera del agua* fue una de las primeras películas que se estrenaron en catalán durante la época franquista. Antes tan solo lo habían conseguido *El judas* (1952) que fue autorizada a exhibirse en pequeñas comarcas y sólo durante la Semana Santa, y *Maria Rosa* (1964), la que también fue representada en catalán en teatros de pequeñas comarcas (128). Otras producciones como *Palabras de amor* (1968) dirigida por Antoni Ribas y protagonizada por Joan Manuel Serrat, no tuvieron tanta suerte y nunca se llegaron a estrenar en catalán. A finales de la dictadura (durante los años setenta), las películas que no hacían referencias políticas explícitas o críticas hacia al Régimen acostumbraban a pasar la censura aunque estuvieran producidas en catalán. Los censores siempre exigían aplicar recortes en el contenido sexual, religioso y moral como ocurrió en *La larga agonía de los peces fuera del agua*[57].

A nivel estructural es notable la disminución del diálogo en *La larga agonía de los peces fuera del agua* y la exageración de las caracte-

---

[57]   Para más información sobre los procesos y el control de la Censura, ver mi artículo «La intervención de la censura en *La ciudad de los jóvenes: reportaje fantasía*» publicado en la introducción de la versión que traduje al castellano de *La ciudad de los jóvenes* de Aurora Bertrana. En este estudio ofrezco una discusión sobre el proceso de la censura en España durante la época franquista y analizo los fragmentos censurados en el manuscrito.

rísticas físicas de Joan Manuel Serrat y la sensualidad y romanticismo de sus canciones. Esto se consigue mediante la reducción significativa del número de intérpretes, atribuyendo a unos personajes las acciones que en la novela son llevadas por otros. Por ejemplo, en la película el protagonista es quien mantiene relaciones con una chica catalana tradicional según las costumbres de la época, en cambio en la novela es la Roseta de cal Pitiu, la prometida de Biel de can Llànties, la que simboliza el modelo conservador de mujer. La cantidad de vecinos y gente del lugar que aparece en la novela representando la voz del pueblo quejándose del fenómeno turístico, en el film quedan reducidos a una estanquera y un comerciante de los que ni tan solo se saben sus nombres. Asímismo, también se minimiza cualquier aspecto que pueda relacionarse con problemas políticos, sociales o económicos; reduciendo así el film a la modesta exhibición de la historia personal del protagonista.

La representación del turismo en *La larga agonía de los peces fuera del agua* tiene una finalidad comercial y coincide con las nuevas políticas de desarrollo del Régimen franquista orientadas a promocionar el turismo en la península, para hacer posible la entrada de divisas extranjeras al país en un momento de crisis y aislamiento internacional. Una de las maniobras que utiliza el Estado para conseguir dicho propósito es la divulgación de películas como *La larga agonía de los peces fuera del agua*, donde se ofrecen imágenes de la costa catalana idílicas mediante panorámicas paisajísticas y planos de Ibiza que muestran una ciudad idonea para el disfrute y el descanso en una sociedad española supuestamente moderna y tranquila. La difusión de estas imágenes idílicas y el cine evasivo durante la época, además de funcionar como una estrategia política para atraer el turismo y mejorar la situación económica del país, sirvieron para borrar de la memoria el sufrimiento, la violencia y la pobreza que se vivía en España desde la Guerra Civil (1936).

Durante la década de los años sesenta y setenta las obras artísticas que ofrecían una imagen de apertura social eran promocionadas y aprobadas por el Régimen franquista (Crumbaugh 147-57). A partir de 1958 el gobierno franquista creó nuevos planteamientos de economía política y vio la necesidad de «vender» la imagen de una radical transformación de España para convencer a los españoles y a los extranjeros del progreso sociopolítico del país hacia la modernidad. El Estado pretendía salir de la crisis mediante el turismo y la entrada de divisas extranjeras. La fuerte subida de inflación y las políticas de «autosuficiencia» económica impuestas por el gobierno franquista fueron las causantes del aislamiento total de España con el mundo financiero exterior en 1956. El país logró superar esta situación mediante la promoción del turismo y la re-elaboración de los planes económicos orientados hacia la liberalización internacional de mercado. Progresivamente el gobierno consiguió crear vínculos financieros con los Estados Unidos y Europa que ayudaron a mejorar la situación del país durante los años 60 y 70.

Eugenia Afinoguénova, Sasha D. Pack y Antonia del Rey-Reguillo en *Spain is (Still) different* (2008) afirman que el gobierno franquista encontró en el turismo una vía de mejora económica y se esforzó por mostrar una dictablanda para ir labrando un proceso social de desmemoria histórica, intentando borrar el sufrimiento del pasado causado por la Guerra Civil. Las campañas publicitarias conocidas con el eslogan «España es diferente» lideradas por Manuel Fraga, ministro y director del Patronato Nacional de Turismo y la nueva normativa que obligaba a los empresarios a otorgar 30 días de vacaciones durante el verano a sus empleados, fueron algunas de las propuestas del Régimen durante los años setenta para promocionar el turismo nacional y foráneo y contribuir al proceso de desmemoria histórica en la península y en el extranjero.

Gran parte de las escenas en *La larga agonía de los peces fuera del agua* coinciden con el interés de promocionar el país como un lugar ideal para los turistas. Como si se tratara de un video promocional de una agencia de viajes o de un documental publicitario sobre el turismo, en el film se observan imágenes idílicas donde los extranjeros pueden realizar el sueño de pasar unas vacaciones extraordinarias junto al mar y disfrutar de la belleza geográfica de Ibiza. Los momentos más románticos de la película tienen lugar en las cuevas, los acantilados y los bosques ibicencos y estos lugares se muestran mediante imágenes que alternan con las panorámicas pintorescas del pueblo de Ibiza, la zona portuaria y el mar. También abundan las secuencias donde aparecen Eva (Mabel en la novela) y Rebeca en la playa con diminutos bikinis junto a Joan (Rafel en la novela). Estas imágenes operan como una metáfora del paraje ideal de disfrute, tranquilidad y «aparente» libertad que el turista puede encontrar en

la península. En el film estos atractivos suelen ir acompmañadas de
una serie de actividades lúdicas diseñadas para el goce de los veraneantes. En varias ocasiones Joan y Eva aparecen rodeados del verde-
azulado paisaje ibicenco mientras se entretienen paseando por la playa
con unos caballos que han alquilado en unas cuadras. La escena en la
que Joan y Eva alquilan los potros resulta muy cómica porque el
dueño, un joven ampurdanés, va disfrazado de jinete andaluz y habla
como los del sur para alquilar los caballos y atraer a los extranjeros
con el típico «numerito» del folclore español. Joan, que conoce al
dueño, le piede que con ellos se ahorre el espectáculo porque, ¡él es de
allí!

En el cine comercial es muy común esta tendencia a distorsionar
los valores culturales de diferentes regiones. El cine evasivo de la
época suele mostrar las zonas costeñas como un escaparate lleno de
encantos, belleza y diversión. A partir del 1958, debido a la nueva ideología aperturista del Régimen, el Estado franquista apoyó y subven-
cionó este tipo de cine. Con estas películas el gobierno divulgaba, tanto
al exterior como en la península, la imagen placentera y distinta que
se proponía mostrar de España. La promoción del país como un
destino turístico idílico, facilitó la reparación de relaciones diplomá-
ticas con las democracias occidentales y posibilitó que «una dictadura
militar ultra-derechista dejara en gran medida de representar la
España negra y empezara a asociarse más bien con el color local»
(Crumbaugh 164).

En *La larga agonía de los peces fuera del agua* se intenta convencer
a los españoles de los beneficios que aporta el turismo a España. La
costa catalana aparece como una sociedad donde todo es vendible y
los aldeanos pueden aprovechar la oportunidad para enriquecerse. En
algunas escenas se observa la transfiguración de los establecimientos
a través de la venta de productos nuevos y de souvenirs. Las tiendas
que frecuentan Eva y Joan han incorporado alimentos de origen extranjero que sólo compran los turistas. Los dueños ven incrementados
sus beneficios con la llegada de los turistas, porque además de vender
más, los extranjeros son los que compran aquellos artículos que resultan demasiado caros para la gente del pueblo. En el film, el ambiente consumista se percibe mediante los distintos planos de los protagonistas cuando pasean por las calles de Ibiza. En estas secuencias
se observa la proriferación y la acumulación de objetos de recuerdo

en las entradas de las tiendas. Los comercios llaman la atención por la abundancia de elementos que exponen para el consumo de los turistas: desde las típicas postales con paisajes de la isla, hasta figuras y ornamentos con logotipos sobre Ibiza.

El positivismo hacia el capitalismo y el apogeo mercantilista adquieren cierto matiz simbólico en el film mediante el contraste entre los turistas y los hippies. Si bien los primeros aparecen como individuos con cierto nivel cultural y económico, los bohemios son proyectados como un grupo de degenerados perezosos capaces de sobrevivir con el poco dinero que obtienen de mendigar por las calles. Los turistas normalemnte son gente civilizada con dinero que genera riqueza donde van, en cambio los hippies se proyectan como individuos que no producen nada, duermen en cualquier lugar, se alimentan con lo que pueden o adquieren, y se manifiestan en contra del consumo y el capitalismo. Este es el estilo de vida de los amigos de Veggie, la hippie francesa que conoce Joan en Londres. Junto a Veggie, Joan recorre las calles británicas cantando canciones a cambio de unas pocas monedas. En Londres ambos viven en las comunas hippies y cuando son expulsados del país, debido a los altercados vandálicos en una manifestación comunista, se refugian en una playa francesa y sobreviven de lo que roban en las tiendas. El film transmite la idea de que los hippies son una lacra social que hay que eliminar porque además de no aportar ningún beneficio al país actúan violentamente en contra del progreso socio-económico. Estas ideas coinciden con la ideología anticomunista del Régimen y su menosprecio hacia el movimiento bohemio. Seguramente, estas nociones divulgadas en el film fueron de ayuda para pasar la censura y permitir su proyección a nivel nacional e internacional.

Las imágenes que se muestran al final de la película intensifican el sentimiento anti-hippy. En la última escena aparece un argelino violento y camorrista, vestido con ropas militares apuntando con una pistola a los hippies con la intención de matarlos por el simple placer de hacerlo. Para el argelino, los bohemios son seres inútiles que no aportan nada a la sociedad, sólo se intersan por las drogas el sexo y la diversión. No obstante, el argelino no es quien finalmente «mata» a los hippies sino Joan, pero la matanza ocurre en su imaginación mediante disparos imaginarios. Los bohemios terminan cayendo uno a uno frente a la cámara con la cara ensangrentada en una escena esperpéntica, dando a entender la derrota de los ideales anárquicos y el estilo de vida bohemio de los hippies frente a los valores capitalistas y vida tradicional.

En esta misma escena, resulta curioso que sea Maria, la novia ibicenca de Joan, quien haga reaccionar al protagonista y logre convencerle de la situación absurda en la que se encuentra con los hippies. Maria es una muchacha del pueblo muy formal y conservadora. Ella representa los valores tradicionales de la época. La intervención de Maria en esta secuencia se puede interpretar como una revaloración de los ideales tradicionales que ella misma representa por encima de la vida liberal de los hippies.

De forma similar a la novela, en la adaptación cinematográfica se observa la distancia entre la mujer tradicional catalana y la imagen exótica de las extranjeras. No obstante, en la película estas diferencias se intensifican mediante el contraste de significados de los nombres bíblicos de las protagonistas: «Eva», la extranjera, con el pecado y «María», la novia catalana de Joan, con la virgen. El film también muestra el contraste entre los distintos tipos de mujer mediante la idumentaria y el comportamiento de las protagonistas. Eva y su amiga Rebeca lucen diminutos bikinis y minifaldas mientras las mujeres de la isla suelen ir cubiertas con vestidos largos sin escotes. Las extranjeras destacan por su forma de ser liberal cuando tratan con los hombres, en cambio las mujeres catalanas se muestran recatadas y esquivas. Es importante señalar que en la película se omiten todos los comentarios peyorativos de las mujeres de La Cala hacia las turistas. El Régimen franquista no permitía los tacos o lenguaje indecoroso en los films y si se daba el caso las escenas siempre terminaban censuradas. Asimismo, el menosprecio hacia los turistas en los films era inadmisible si el objetivo del gobierno era atraer a los extranjeros. El recelo que suscitan las mujeres extranjeras en las aldeanas se intuye en *La larga agonía de los peces fuera del agua* por las miradas de desprecio que éstas dirigen a las turistas cuando se cruzan con ellas por la calle, pero este gesto no se destaca mucho en el film y algunos espectadores pueden percibirlo como una alabanza al atractivo de las turistas.

Para concluir, creo importante remarcar que a pesar de las diferencias entre *Viento de grop* y *La larga agonía de los peces fuera del agua* el estudio del contenido en ambas obras permite esbozar la incidencia

del *boom turístico* de los años setenta en la literatura y en el cine español, así como el reflejo de lo extranjero y el comportamiento de los
personajes en sus formas de concebir los usos sociales, lúdicos y seduc-
tivos que ofrecen espacios como La Costa Brava (en la novela) e Ibiza
(en la película). Tanto en la novela como en el film las descripciones
de los personajes y las imágenes relacionadas con las industrias de ocio
y consumo permiten entender de qué manera se percibe la concepción
de los nuevos entornos en el litoral catalán. Asimismo, la idea de estar
en niveles de conocimientos distintos, de distancia cultural y de género
reflejada en el film, permiten estudiar las marcas identitarias, sociales
y antropológicas que conviven en los espacios en los que transcurren
las acciones. Por otra parte, el análisis de las formas de puesta en
escena reflejan los cambios socio-políticos que experimenta España
durante la época y el interés del gobierno franquista en subvencionar
películas comerciales como *La larga agonía de los peces fuera del agua*
para vender una imagen aperturista y distinta de España que hiciera
posible la entrada de divisas y la desmemomria histórica sobre las injusticias y los episodios escalofriantes vividos durante la guerra y la
época franquista.

LA CRÍTICA ACTUAL

En alguna ocasión la crítica ha estudiado el estilo y la escritura de
Aurora Bertrana como novelista, mencionando la posible influencia
de Prudenci Bertrana o Víctor Català en la obra de la autora sin
atender a su estilo propio. Domènec Guansé (1894-1978) en el prólogo
de *Oviri i sis narracions més* (1965) dedica unas palabras de admiración
a la escritora y a su obra en general. Analiza la escritura de Bertrana
y la originalidad de los cuentos, sin embargo, Guansé dedica más
tiempo a comentar la vida literaria de Prudenci Bertrana que la obra
de la autora. En su artículo el crítico se refiere al talento de la escritora,
pero siempre en función del padre y también señala parecidos entre
la escritura de Aurora Bertrana y la de Víctor Català, sin valorar la
aportación de Aurora Bertrana al mundo de las letras. De forma pa-
recida, Josep Murgades Barceló en «Sobre memòries i dietaris: intent
de carácterització d'un gènere» se lamentaba en 1974 de lo poco que
aparece la figura «excelentísima» del padre de Aurora Bertrana en

las memorias de la autora. Este tipo de criterios demuestran la falta de estudios serios y comprehensivos sobre los textos de Bertrana y las injusticias que han tenido que soportar las mujeres escritoras de la época. Como bien han observado Catalina Bonnín en su estudio *Aurora Bertrana, l'aventura d'una vida* (2003) y Carme Riera en *Aurora Bertrana entre la vida i la literatura* (1997), por lo general las valoraciones de la crítica de la obra de Bertrana demuestran la hostilidad y la renuencia de algunos críticos a reconocer el talento intelectual de la mujer escritora, ya que esta clase de comentarios, según afirma Riera, sólo se suelen aplicar a las mujeres que escriben y no a los hombres que escriben (64). Las declaraciones de Murgades y de Guansé son un ejemplo representativo de la crítica obsesionada en asociar y dar a conocer a Aurora Bertrana como «la hija de» Prudenci Bertrana y/o «la discípula y amiga de» Caterina Albert, dejando al margen la destacada trayectoria de Aurora Bertrana como escritora.

Hasta el momento tan sólo algunos autores se han interesado por la vida y la trayectoria literaria de Aurora Bertrana. Con tan sólo dos meses de diferencia Catalina Bonnín, en julio de 2003, y Maribel Gómez, en setiembre del mismo año, publicaron, respectivamente, *Aurora Bertrana: l'aventura d'una vida*[58], y *Aurora Bertrana: encís pel desconegut*. Ambas obras presentan un estudio biográfico sobre la vida y la trayectoria profesional de Bertrana desde su infancia hasta su muerte. Bonnín y Gómez se basan en los dos volúmenes autobiográficos: *Memòries fins al 1935* y *Memòries del 1935 fins al retorn a Catalunya* (1975) escritos por Aurora Bertrana para desarrollar sus trabajos de investigación, además de utilizar documentos publicados e inéditos, tales como la correspondencia que la autora mantuvo con algunos intelectuales de la época, los artículos y las reseñas que publicó[59]. Como biografías, ambos textos son muy parecidos. Sin embargo, el estudio de Bonnín es más completo, incluye el testimonio de personas que conocieron muy bien a Aurora Bertrana, como la periodista catalana Mireia Xapel.li, el crítico literario Robert Saladrigas y el cineasta Francesc Rovira Beleta (1912-1999). Catalina Bonnín

---

58   La obra de Catalina Bonnín, aunque fue publicada en el año 2003, seguramente estuvo terminada mucho antes porque fue su tesis doctoral y la defendió en la Universidad de las Islas Baleares en 1999.

59   La mayoría de estos documentos, así como algunos manuscritos, están actualmente disponibles en la red, en la base de datos del Fons Bertrana, del Departamento de la Universidad de Gerona (DUG): http://dugifonsespecials.udg.edu/handle/10256.2/6881.

también publicó en 2001 «Aurora Bertrana. Dues novel.les sobre el
món dels infants: *Camnins de somni* i *La nimfa d'argila*» donde analiza
los personajes y la estructura narrativa de *Camins de somni* (1955) y *La
nimfa d'argila* (1959), y en «Les cartes d'Aurora Bertrana a Anna
Murià i Agustí Bartra» editado en 2002 comenta la relación de
amistad que unía a Bertrana y Anna Murià y Agustí Bartra mediante
la correspondencia que mantuvieron entre 1957 y 1958.

Marta Vallverdú Borràs en *Viatges literaris a la Polinèsia: Aurora
Bertrana, Josep Maria de Sagarra* (2007) analiza las visiones personales
de Bertrana en *Paradisos oceànics* (1930) y de Josep M. de Sagarra
(1918-1938) en *La ruta blava* (1964) a partir de las vivencias de ambos
autores en la Polinesia (Bertrana del 1926 hasta el 1929 y Sagarra durante los cinco primeros meses de 1937). A diferencia de Sagarra,
según Vallverdú, Bertrana transmite una visión admirativa e idealista
sobre la Polinesia debido al deseo de satisfacer el concepto de lo
exótico que tienen los lectores de los años treinta como un lugar pa-
radisíaco y maravilloso. Vallverdú atiende al estilo, la expresividad y
la claridad con la que Bertrana expone sus impresiones viajeras y
analiza algunos personajes y escenas. No obstante, no explora en profundidad las cuestiones de género que considero de interés ni las desarrolla dentro del marco teórico del discurso post-colonial y la literatura de viajes escrita por mujeres que expongo en mi libro *Aurora
Bertrana. Innovación literaria y subversión de género* (2016).

Por lo general, los críticos se han interesado sobre todo por
Paradisos oceànics y *El Marroc sensual i fanàtic*, basadas en su estancia
en la Polinesia y Marruecos. Algunas obras como el cuento «El pomell
de violes» (1956) y la colección de cuentos *Un idilio caníbal y otras historias de audacia y de exotismo* (ms.), y las novelas de ficción *Ariatea*
(1960), los manuscritos *La aldea sin hombres* (ms.), *La madrecita de los
cerdos* (ms.), *L'inefable Philip* (ms.), y las novelas *Fracàs* (1966), *Vent de
grop* (1967), y *La ciutat dels joves* (1971) no han sido estudiadas por
otros autores. Hasta hoy tan solo se analizan estas obras en mi libro
Aurora Bertrana. Innovación literaria y subversión de género. De los trabajos que se han publicado sobre las obras viajeras de Bertrana me
parece interesante el ensayo de Enric Bou «Rodar el món: a l'entorn
dels llibres de viatges» (1993) donde el autor analiza *El Marroc sensual
i fanàtic* utilizando las teorías sobre literatura de viajes de Philip
Dodd, J. Favier, P. Fussell, J. Shattock y G. Gingràs para estudiar la

entidad particular del libro de viajes que se escribió durante la época anterior a la cultura de masas. También es importante señalar que Bou estudia *El Marroc sensual i fanàtic* de Bertrana junto con los textos canónicos de literatura catalana de viajes de Jacint Verdaguer (1845-1902), Josep Pla (1897-1981) y Josep M. de Sagarra (1894-1961), colocando a la autora entre las celebridades de la literatura catalana y en el lugar que le corresponde. Bou comenta la singularidad de Bertrana en *El Marroc sensual i fanàtic* como forma alternativa para narrar sus memorias viajeras a través de los libros de viaje. No obstante, Bertrana escribió dos libros autobiográficos donde incluyó y amplió sus textos sobre viajes en *Memòries fins al 1935* (1973) y *Memòries del 1935 fins al retorn a Catalunya* (1975). El hecho de que escribiera sus memorias en un momento en que dicho género no se practicaba en Cataluña y aún menos por parte de las mujeres, sí hace de Bertrana una escritora atípica y original para la época.

En alguna ocasión, ciertos autores han identificado los cambios que presentan las obras de Bertrana debido a una mala traducción. Marta Pascual en «Entre dos silencis, entre dos autors: Aurora Bertrana y Joan Sales» (2006) compara *Entre dos silencis* (1958) de Bertrana traducida por Joan Sales (1912-1983) al catalán con el manuscrito *La aldea sin hombres*. Pascual identifica las modificaciones de Sales y observa que las dos novelas parecen textos completamente distintos. No obstante, Pascual no analiza la escritura de la guerra desde una perspectiva de género ni la forma en que las relaciones entre los hombres y las mujeres en una sociedad patriarcal estructuran el conflicto bélico[60].

En cuanto a la trayectoria periodística de Bertrana, Neus Real Mercadal ha estudiado y ha analizado los artículos publicados por Bertrana en los distintos periódicos y revistas de la época. En *Aurora Bertrana, periodista dels anys vint i trenta* (2007) Real Mercadal ofrece una selección de los textos más significativos de cada momento en la actividad periodística de Aurora. Real Mercadal también ha estudiado la figura de Bertrana como novelista catalana durante los años treinta, en los artículos «Aurora Bertrana i la cultura femenina

---

60 Francesca Bartrina y Ramon Pla Arxé también han estudiado la novela *Entre dos silencis* de Bertrana, pero no mencionan las diferencias entre la versión original del manuscrito en castellano *La aldea sin hombres* y la versión catalana de Sales, lo que me parece un grave error por parte de ambos. En mi libro *Aurora Bertrana. Innovación literaria y subversión de género* incluyo un capítulo donde analizo estas diferencias y exploro cuestiones esenciales sobre la escritura de la guerra y las relaciones de género en *La aldea sin hombres*, *Entre dos silencis*, *La madrecita de los cerdos*, *Tres presoners* y «El pomell de violes».

de preguerra» (1999) y «Les narradores catalanes del segle XX: una narrativa per a un nou segle» (2005) que más adelante incluyó en *Dona i literatura de la Catalunya de preguerra* (2006) donde la autora analiza la recepción crítica de la narrativa catalana de preguerra (1926-1936) de Aurora Bertrana Salazar, Carme Montoriol Puig (1893-1966), Anna Murià Romaní (1904-2002), Maria Teresa Vernet Real (1907-1974), Mercè Rodoreda Gurguí (1908-19083), Elvira Augusta Lewi (1910-1970) y Rosa Maria Arquimbau Cardil (1910-1992). En su estudio Real Mercadal recoge las aportaciones literarias de las siete escritoras y el contexto literario, cultural y sociopolítico de la época. Destaca la singularidad de Bertrana por su carácter independiente y su originalidad y especialización en la literatura de viajes de Oceanía. No obstante, Real Mercadal no analiza la obra de Bertrana publicada durante dicho período ni aporta detalles sobre su estilo narrativo para demostrar la originalidad de la autora.

El departamento de filología de la Universidad de Gerona publicó *Aurora Bertrana: una dona del segle XX* (2001) coordinado por Glòria Granell, Daniel Montañà y Josep Rafart, donde se incluyen algunos artículos de los trabajos mencionados hasta ahora escritos por Catalina Bonnín, Marta Vallverdú Borràs y Neus Real Mercadal, y otros ponentes que formaron parte de unos actos celebrados en Gerona con motivo del vigésimo quinto aniversario de la muerte de Bertrana. En dicho evento, Catalina Bonnín, Marta Vallverdú Borràs y Neus Real Mercadal presentaron capítulos de los estudios que posteriormente publicaron. Xavier Pla presentó un artículo sobre las memorias de Bertrana donde señala algunos aspectos relacionados con la estructura y el contenido, y observa continuos silencios, justificaciones y quejas por parte de la autora. Francesca Bartrina analiza brevemente las reflexiones de Bertrana sobre la colonización, la guerra y el género en las obras *El Marroc sensual i fanàtic* (1936), *Tres presoners* (1957) y *Entre dos silencis* (1958). En su ensayo Bartrina pone especial énfasis en el esfuerzo de Bertrana por dar voz a las mujeres víctimas de la guerra y/o de la colonización y el patriarcado, y analiza la violación en tiempos de guerra basándose en los postulados de Susan Brownmiller[61]. Para Bartrina la agresión sexual en *Entre dos silencis* y *Tres presoners* responde a una estrategia de guerra para destruir al adversario y

---

61   Más adelante, en el 2002, Bartrina publicó un artículo sobre la violencia de género en la obra de Víctor Català y Aurora Bertrana basándose en los mismos planteamientos.

humillar a la mujer, no obstante, como demuestro en el capítulo II de mi libro *Aurora Bertrana. Innovación literaria y subversión de género*, la violación en las obras de Bertrana va más allá de las teorías de Brownmiller y de los planteos que asocian la agresión sexual a la mujer en tiempos de guerra con una estrategia militar. En *La aldea sin hombres (Entre dos silencis)* y *Tres presoners* la violación se proyecta como una continuación de los actos violentos que sufre la mujer en tiempos de paz y no como una ruptura o un acontecimiento excepcional que sólo ocurre durante la guerra.

En el mismo libro publicado por la Universidad de Gerona, Joan Nogués amplía algunas cuestiones relacionadas con la colonización y la literatura de viajes en su artículo «*El Marroc sensual i fanàtic (1936) d'*Aurora Bertrana i el Protectorat español al Marroc» incluyendo una descripción del contexto geopolítico de la época y de la zona española y marroquí en el momento en que Bertrana viaja a Marruecos. Los tres últimos estudios del citado libro: «Venerat mestre: correspondència entre Aurora Bertrana i Pau Casals (1945-1953)» de Glòria Granell y Joaquim Rabaseda; «El Bergadà en la vida i l'obra d'Aurora Bertrana» de Daniel Montañà y Josep Rafart; y «L'Aurora que vaig conèixer» de Enric Sabadell Segú, son artículos que hacen referencia a la amistad que mantuvo Bertrana con Pau Casals, la importancia del Bergadá (Gerona) en la vida de Bertrana, y las anécdotas que recuerda Sabadell de haber vivido con la autora desde que la conoció en 1965, respectivamente. Después de estas jornadas la Universidad decidió recopilar todos los ensayos y editarlos en forma de libro.

Durante los últimos años han aparecido algunas publicaciones breves en revistas y periódicos que, si bien ayudan a divulgar la obra de Bertrana, poco o nada aportan a su análisis crítico[62]. La mayoría se centran en *Paradisos oceànics*, *El Marroc sensual i fanàtic* y *Entre dos silencis*, resumen el argumento de los textos, analizan el contexto histórico del momento en que Bertrana escribió las obras y explican aspectos biográficos de la autora. Recientemente Elisabet Virginia

---

62   Aquí me refiero a los artículos de Àngels Angalda, Adriana Bàrcia, Anna M. Velaz, Manuel Esteban Pagès, Joan Torres-Pou, Fina Llorca Antolín, Pilar Godayol, Maria Dolors Garcia Ramon e Isabel Marcillas Piquer y el artículo «Viatge a Etobon: el silenci continua» (2008) de Marta Pascual. En cuanto a los estudios de Marcillas Piquer es necesario reconocer que su último artículo titulado «Literatura de viajes en clave femenina: los pre-textos de Aurora Bertrana y otras viajeras europeas» (2011) aporta información interesante sobre las técnicas y los recursos que utiliza Bertrana en sus obras para justificar sus vivencias y su experiencia como mujer intrépida y viajera avanzada para su época.

Liminayana Vico estudió el trabajo de Bertrana como periodista en
su tesis doctoral *The Literary Journalism Of Aurora Bertrana: A Voice
Of Modernity In Catalonia In The Early Twentieth Century* (2014), el
cual está diponible en la red, dentro de la colección digital de la Universidad de Florida. En el 2016 publiqué el libro *Aurora Bertrana. Innovación literaria y subversión de género*. Antes de publicarlo obtuve el
Premio de Monografía Crítica Victoria Urbano otorgado por la Asociación Internacional de Literatura y Cultura Femenina Hispánica
en la Universidad de Texas y en el 2017 el libro fue nominado al
premio que otorga cada año la NACS (North American Catalan So-
ciety). En mi estudio analizo la narrativa de Bertrana, publicada y no
publicada desde una perspectiva de género. En mi estudio arguyo que
las novelas de Bertrana representan una inflexión en la tradición literaria de los libros de viajes, de guerra, de utopías, de formación o
Bildungsroman y de autobiografía. Bertrana rompe con los modelos
tradicionales, re-formula la estética narrativa de dichos géneros literarios que tradicionalmente han estado dominados por los autores
masculinos; y al hacer esto, la autora reclama su derecho como mujer
escritora a escribir en estos géneros.

La Generalitat de Catalunya declaró el Año Aurora y Prudenci
Bertrana (Any Aurora i Prudenci Bertrana) el pasado 2017, con
motivo de los 125 y 150 años del nacimiento de Aurora y Prudenci.
Los eventos fueron comisionados por Oriol Ponsatí-Murlà, tuvieron
lugar en diferentes instituciones y regiones catalanas y se llevaron a
cabo distintos eventos culturales: conferencias, conciertos, excursiones
en la ciudad de Gerona, actividades didácticas, exposiciones y espectáculos[63]. El evento concluyó el 23 de marzo de 2018 con el *Simposio
Internacional Prudenci i Aurora Bertrana. Entre dos silencis*, el cual tuvo
lugar en el Instituto de Estudios Catalanes en Barcelona. Varios aca-
démicos presentaron sus trabajos sobre diferentes aspectos de la vida
y obra de ambos autores. Yo participé en el simposio presentando un
ensayo sobre el feminismo y el compromiso social en las obras de Bertrana. Otros investigadores que también contribuyeron en el simposio
son: Bertrand Lévy, Enric Bou, Adriana Bàrcia, Marta Vallverdú, Elisabet Liminayana, Caterina Bonnín, Mita Casacuberta, Judit Pujol,
Xavier Pla, Jordi Cornellà y Xavier Sanjuan. Un año después del con-

---

63   Pueden consultarse los eventos en la página web de La Generalitat de Catalunya
      http://anybertrana.lletrescatalanes.cat/~anybertrana/

greso la Institución de las Letras Catalanas publicó el libro *Actes del simposi internacional Prudenci i Aurora Bertrana. Entre dos silencis*, con todos los trabajos presentados en el evento.

SILVIA ROIG
BMCC-The City University of New York

BIBLIOGRAFÍA DE LA INTRODUCCIÓN.

Actes del simposi internacional Prudenci i Aurora Bertrana. Barcelona: Institució de les Lletres Catalanes, 2019.

Afinoguénova, Eugenia y Jaume Martí-Olivella. *Spain Is (Still) Different*. Lanham, MD: Lexington Books, 2008.

«Antonio Machado: El hombre del año.» Personal.telefonica.es. 2010. Personal Telefónica. 15 Oct. 2019 http://personal.telefonica.terra.es/web/joanmanuelserrat/gamez/06carles_gamez.htm

Arranz, Carmen. «Boundaries of Modernity: Spanish Women Writers at the Turn of the Twentieth Century.» Dis. University of Kentucky, 2010.

Baldelli, Pío. *El cine y la obra literaria*. Buenos Aires: Galerna, 1970.

Bartrina, Francesca. «La violencia contra les dones a l'obra de Victor Catala i d'Aurora Bertrana.» Centre d'estudis interdisciplinaris de la dona, Universitat de Vic (2002): 99–105.

Benpar, Carlos. *Rovira Beleta: el cine y el cineasta*. Barcelona: Laertes, 2000.

Bertrana, Aurora. *Ariatea*. Barcelona: Albertí, 1960.

_____. *Camins de somni*. Barcelona: Albertí, 1955.

_____. «El feminisme ha mort. ¡Visca el feminisme!» *Tele-estel* (1969): 1.

_____. *El Marroc sensual i fanàtic*. Barcelona: L'Eixample, 1936.

_____. «El pomell de violes». *Els autors de l'ocell de paper*. Barcelona: Simpar, 1956.

_____. *Entre dos silencis*. Barcelona: Aymà, 1958.

_____. *En el centenari de Prudenci Bertrana*. Barcelona: Rafael Dalmau, 1968.

_____. «Feminitat i feminisme» (ms). DUGiFons Especial. 7 agosto 2013. http://dugifonsespecials.udg.edu/handle/10256.2/6881/browse

_____. *Fracàs*. Barcelona: Alfaguara, 1966.

_____. *La aldea sin hombres* (ms.) DUGiFons Especial. 7 agosto 2013. http://dugifonsespecials.udg.edu/handle/10256.2/ 6881/browse

_____. *La ciutat dels joves: reportatge fantasia*. Barcelona: Pòrtic, 1971.

_____. *La madrecita de los cerdos* (ms.) DUGiFons Especial. 7 agosto 2013. http://dugifonsespecials.udg.edu/handle/ 10256.2/6881/browse

_____. *La nimfa d'argila*. Barcelona: Albertí, 1959.

_____. L'inefable Philip (ms.) DUGiFons Especial. 7 agosto 2013. http://dugifonsespecials.udg.edu/handle/10256.2 /6881/browse

_____. *Memòries del 1935 fins al retorn a Catalunya*. Barcelona: Pòrtic, 1975.

_____. *Memòries fins al 1935*. Barcelona: Pòrtic, 1973.

_____. *Paradisos oceànics*. Barcelona: Proa, 1930.

_____. *Peikea, princesa caníbal, i altres contes oceànics*. Barcelona: Balagué, 1934.

_____. *Tres presoners*. Barcelona: Albertí, 1957.

_____. *Vent de grop*. Barcelona: Alfaguara, 1967.

_____. *Vertigo de horizontes*. Barcelona: Torrell de Reus, 1952.

Bertrana, Prudenci y Aurora Bertrana. *L'illa perduda*. Barcelona: Llibreria Catalònia, 1935.

Bonnin Socials, Catalina. «Aurora Bertrana. Dues novel.les sobre el mon dels infants: *Camins de somni* i *La nimfa d'argila*». *Revista de lenguas y literaturas catalana, gallega y vasca* (2001): 29–46.

_____. *Aurora Bertrana, l'aventura d'una vida*. Gerona: Diputacion de Gerona, 2003.

_____. «Les cartes d'Aurora Bertrana a Anna Muria i Agusti Bartra.» *Llengua i literatura* 13 (2002): 327–339.

Bou, Enric. «Rodar el mon: a l'entorn dels llibres de viatges.» *Llengua i literatura* (1993): 289–306.

Brownmiller, Susan. «Making Female Bodies the Batterfield». Mass *Rape: The War Against Women in Bosnia Herzegovina*. Lincoln: Nebraska University Press, 1994. 180–182.

Butler, Judith. *Gender Trouble*. New York: Routledge, 1999.

Capmany, Maria Aurelia. *El feminisme a Catalunya*. Barcelona: Nova Terra, 1973

_____. *La dona a Catalunya*. Barcelona: Edicions 62, 1979.

Capmany, Maria Aurelia y Carmen Alcalde. *El feminismo iberico*. Barcelona: Oikos-Tau, 1970.

Català, Víctor. «De civisme i civilitat.» *Obres completes*. Barcelona: Selecta, 1972.

Charlon, Anne y Pilar Canal. *La condició de la dona en la narrativa femenina catalana*. Barcelona: Edicions 62, 1990

Crumbaugh, Justin. «El turismo como arte de gobernar: los felices setenta del franquismo.» *Cine, imaginario y turismo: estrategias de seducción*. Valencia: Tirant lo blanch, 2007. 149-75.

Del Rey-Reguillo, Antonia. «Celuloide hecho folleto turístico en el primer cine español.» *Cine, imaginario y turismo: estrategias de seducción*. Valencia: Tirant lo blanch, 2007. 65-100.

Delany, Samuel. *Triton*. Barcelona: Ultramar, 1991.

Diez Gutierrez, Ana Maria. «Mujer, educacion y trabajo: la enganosa paridad.» *La mujer en la España actual: ¿Evolución o involución?* Barcelona: Icaria, 2004. 99–116.

Duplaa, Cristina. «Ideología i estética de la ciutat a l'obra de Montserrat Roig: historia de l'avanç espacial de Barcelona i les seves dones.» DUODA *Revista d'estudis feministes* 14 (1998): 51–62.

_____. «Les dones i el pensament conservador català contemporani». *Mes enlla del silenci: les dones a la historia de Catalunya*. Ed. Mary Nash. Barcelona: Generalitat de Cataluna CIP, 1988. 173–190.

«Francisco Rovira Beleta.» *Imdb.com*. 2010. The Internet Movie Database. 11 Oct. 2019 http://www.imdb.com/name/nm0746334/

Gabino, Juan Pedro. «In principio erat verbum: el lexico caracterizador de la letraherida o la mujer anda en lenguas.» *La mujer de letras o la «Letraherida»*. Ed. Pura Fernandez y Marie-Linda Ortega. Madrid: CSIC, 2008. 18–32.

Gimferrer, Pere. *Cine y literatura*. Barcelona: Planeta, 1985.

Gomez, Maribel. *Aurora Bertrana: encís pel desconegut*. Barcelona : Portic, 2003.

Gonzalez, Anabel, Amalia Lopez, Ana Mendoza e Isabel Uruena. *Los orígenes del feminismo en España*. Madrid: Zero, 1980.

Granell, Gloria, Daniel Montana y Josep Rafart. Ed. *Aurora Bertrana: una dona del segle XX*. Barcelona: Publicacions de l'Abadia de Montserrat; Viladá: Associació Cultural El Vilatá del Berguedá; Girona: Departament de Filologia i Filosofia de la Universitat de Girona, 2001.

Guanse, Domenech. Prologo. *Oviri i sis narracions més*. Barcelona: Editorial Selecta, 1965.

Iglesias Rodríguez, Gema. «La propaganda política durante la Guerra Civil Española: la España Republicana». Dis. Universidad Complutense de Madrid, 1992.

Julia, Lluisa, «Maria Antonia Salva i les seves contemporanies». *Escriptores: de Caterina Albert als nostres díes*. Barcelona: Fundació Lluís Carulla, 2005. 45–67.

La larga agonía de los peces fuera del agua. Dir. Francesc Rovira Beleta. Prod. Francisco García Gárgoles. Barcelona, 1970.

Liminayana Vico, Elisabet Virginia. *The Literary Journalism Of Aurora Bertrana: A Voice Of Modernity In Catalonia In The Early Twentieth Century*. Dis. Universidad de Florida, 2014.

Magnus Enzensberger, Hans. «A Theory of Tourism.» *New German Critique* 68 (1996): 117-35.

Marcillas Piquer, Isabel. «A. Bertrana i F. Mernissi: una doble perspectiva literaria de la dona musulmana.» *Estudis Transversals: Literatura i Altres Arts en les Cultures Mediterranies Universidad de Alicante*. Departamento de Filología Catalana (2008): 1–22.

_____. «Literatura de viajes en clave femenina: los pre-textos de Aurora Bertrana y otras viajeras europeas.» *Revista de Filología Románica* 29.2 (2012): 215–31.

Martín, Anabel. «Subdesarrollo de cinco estrellas: la guía identitaria del desarrollismo.» *Cine, imaginario y turismo: estrategias de seducción*. Valencia: Tirant lo blanch, 2007. 117-208.

Martin Marty, Laia. *Aproximació a la imatge literaria de la dona al noucentisme catalá*. Barcelona: Rafael Dalmau, 1984.

Murgades Barcelo, Josep. «Sobre memories i dietaris: intent de caracteritzacio d'un genere.» Els Marges 1 (1974): 114–118.

Nash, Mary. «Feminisme catala i presa de consciencia de les dones.» *Revista Literatures* 5 (1997–2008): 1–7.

_____. *Més enllà del silenci: les dones a la història de Catalunya.* Barcelona: Generalitat de Cataluna CIP, 1988.

_____. *Mujer, familia y trabajo en España* (1875–1936). Barcelona: Anthropos, 1983.

_____. «Politica, condicio social i mobilitzacio femenina: les dones a la Segona República i a la Guerra Civil». *Més enllà del silenci: les dones a la història de Catalunya.* Barcelona: Comissió interdepertamental de promoció de la dona, 1988. 243–282.

Nelken, Margarita. *La condición social de la mujer en España.* Madrid: CVS, 1975.

Ors, Eugeni d'. *La Ben plantada.* Barcelona: Edicions 62, 1980.

Pack, Sasha D. *Tourism and Dictatorship: Europe's Peaceful Invasion of Franco's Spain.* Nueva York: Palgrave Macmillan, 2006.

Panyella, Vinyet. «El noucentisme.» Dir. Enric Bou. *Panorama crític de la literatura catalana. Segle XX. Del modernisme a l'avantguarda.* Barcelona: Vicens Vives, 2010. 270 –303.

Pascual, Marta. «Entre dos silencis, entre dos autors: Aurora Bertrana i Joan Sales.» *Revista de Girona* 238 (2006): 34–39.

Pla, Xavier. «Lectura crítica de les *Memòries* d'Aurora Bertrana.» *Aurora Bertrana una dona del segle XX.* Barcelona: Abadía de Monstserrat, 2001. 9-24.

Pla y Arxé, Ramon. «La brutal complexitat de la guerra». *Opinió* (2006): 1.

Quesada, Luis. *La novela española y el cine.* Madrid: JC, 1986.

Real Mercadal, Neus. *Aurora Bertrana, periodista dels anys vint i trenta.* Girona: CCG i Fundació Valvi, 2007.

_____. *Dona i literatura de la Catalunya de preguerra.* Barcelona: Publicacions de l'Abadia de Montserrat, 2006.

_____. «Les narradores catalanes del segle XX: una narrativa per a un nou segle». *Escriptores. De Caterina Albert als nostres dies.* Barcelona: Fundació Lluís Carulla, 2005. 348-375.

Resina, Joan Ramon. «Noucentisme». *The Cambridge History of Spanish Literature*. Cambridge: Cambridge University Press, 2004. 532–537.

Riera, Carme. «Aurora Bertrana entre la vida i la literatura.» *Memorials* ICD (1997): 63 –68.

Roig, Sílvia. *Aurora Bertrana. Innovación literaria y subversión de género*. Woodbridge: Tamesis, 2016.

_____. «La intervención de la censura en *La ciudad de los jóvenes: reportaje fantasía*». Doral, Florida: Stockcero, 2018.

Roldan, Concha. «La escritura robada: literatura filosófica contra las malas costumbres». *La mujer de letras o la «Letraherida»*. Ed. Pura Fernandez y Marie-Linda Ortega. Madrid: CSIC, 2008. 53–74.

Saez Martinez, Begona. «Críticos, críticas y criticadas: el discurso crítico ante la mujer de letras». *La mujer de letras o la «Letraherida»*. Ed. Pura Fernández y Marie-Linda Ortega. Madrid: CSIC, 2008. 33–52.

Sargison, Lucy. *Contemporary Feminist Utopianism*. New York: Routledge, 2003.

Seifert, Ruth. «War and Rape: A Preliminary Analysis». *Mass Rape: The War Against Women in Bosnia*-Herzegovina. Lincoln: Nebraska University Press, 1994. 54–72.

Vallverdú Borras, Marta. *Viatges literaris a la Polinèsia: Aurora Bertrana, Josep María de Sagarra*. Barcelona: L'Abadia de Montserrat, 2007.

Xapel.li, Mireia. «Tres entrevistes amb Aurora Bertrana.» *Memorials ICD* (1993–1996): 74–78.

Yates, Alan. *¿Una generació sense novel.la?: La novel.la catalana entre 1900 y 1925*. Barcelona: Edicions 62, 1975.

Obras publicadas y no publicadas de Aurora Bertrana

Bertrana, Aurora. *Ariatea*. Barcelona: Albertí, 1960.

_____. *Camins de somni*. Barcelona: Albertí, 1955.

_____. «De la novela en general y de la autobiografía en particular» (ms.)

_____. «El feminisme ha mort. ¡Visca el feminisme!» *Tele-estel* (1969): 1.

_____. *El Marroc sensual i fanàtic*. Barcelona: L'Eixample, 1936.

_____. «El pomell de violes». *Els autors de l'ocell de paper*. Barcelona: Simpar, 1956.

_____. *Entre dos silencis*. Barcelona: Aymà, 1958.

_____. *En el centenari de Prudenci Bertrana*. Barcelona: Rafael Dalmau, 1968.

_____. «Feminitat i feminisme» (ms). DUGiFons Especial. 6 octubre 2018. http://dugifonsespecials.udg.edu/handle / 10256.2/6881/browse

_____. *Fracàs*. Barcelona: Alfaguara, 1966.

_____. «Homenatge Pòstum a Caterina Albert» (ms.) DUGiFons Especial. 8 octubre 2018. http://dugifonsespecials.udg.edu/handle/10256.2/6881/browse

_____. *Islas de ensueño*. Barcelona: Ediciones Populares Iberia, 1933.

_____. *La aldea sin hombres* (ms.) DUGiFons Especial. 8 octubre 2018. http://dugifonsespecials.udg.edu/handle/ 10256.2/6881/browse

_____. *La ciutat dels joves: reportatge fantasia*. Barcelona: Pòrtic, 1971.

_____. *La madrecita de los cerdos* (ms.) DUGiFons Especial. 8 octubre 2018. http://dugifonsespecials.udg.edu /handle /10256.2/6881/browse

_____. *La nimfa d'argila*. Barcelona: Albertí, 1959.

_____. *L'illa perduda*. Barcelona: Llibreria Catalonia, 1935.

_____. *L'inefable Philip* (ms.) *DUGiFons Especial.* 8 octubre 2018. http://dugifonsespecials.udg.edu/handle/10256.2 / 6881/browse

_____. *Memòries del 1935 fins al retorn a Catalunya.* Barcelona: Pòrtic, 1975.

_____. *Memòries fins al 1935.* Barcelona: Pòrtic, 1973.

_____. *Paradisos oceànics.* Barcelona: Proa, 1930.

_____. *Paraísos oceánicos: tres años entre los indígenas de la Polinesia.* Barcelona: La Tempestad, 2003.

_____. *Peikea, princesa caníbal, i altres contes oceànics.* Barcelona: Balagué, 1934.

_____. «Prudenci Bertrana en la intimitat». *En el centenari de Prudenci Bertrana.* Barcelona: Editorial Dalmau, 1968.

_____. «Retorn al país» (ms.) *DUGiFons Especial.* 8 octubre 2018. http://dugifonsespecials.udg.edu/handle/10256.2 / 6881/browse

_____. «Tercera part de les meves memòries» (ms.) *DUGiFons Especial.* 8 octubre 2018. http://dugifonsespecials. udg.edu /handle/10256.2/6881/browse

_____. *Tres presoners.* Barcelona: Albertí, 1957.

_____. *Un idilio caníbal y otras historias de audacia y de exotismo* (ms.) *DUGiFons Especial.* 8 octubre 2018. http://dugifonsespecials.udg.edu/handle/10256.2/6881/browse

_____. *Vent de grop.* Barcelona: Alfaguara, 1967.

_____. *Vertigo de horizontes.* Barcelona: Torrell de Reus, 1952.

Viento de Grop

A la memoria de Caterina Albert, verdadera promotora y animadora de esta obra, la cual no habría probablemente nunca escrito, sin su afectuosa insistencia.

Unas Palabras al Lector

Antes de someter mi novela al juicio del lector, querría aclararle algunos puntos y presentarle ciertas excusas.

Me tengo que excusar en primer lugar, de haber mezclado en algunos diálogos, al catalán, el castellano y el inglés. Y, también, algunos vocablos de francés.

En segundo lugar, le presento mis excusas por la imperfección del castellano hablado por una inglesa que lo conoce superficialmente y no se esfuerza nada en aprenderlo. (Por otra parte tarea difícil en un pueblecito ampurdanés).

No me he propuesto –podéis creerlo –provocar una revolución estilística ni proponer nuevas formas de diálogo a los novelistas y autores catalanes.

Lo he hecho, simplemente, en un gesto espontáneo de fidelidad absoluta al inequívoco testimonio de mi oído: he imitado lo que he escuchado a mi alrededor.

Siendo, como ha de ser y, generalmente es, la novela, un reflejo más o menos exacto de la vida real, en todo y en cualquiera de sus aspectos, esta amalgama de idiomas no representa otra cosa, lo repito, que un afán mío de fidelidad a una realidad circunstancial.

Esta deplorable amalgama, lo he observado y lo habéis observado, se produce en cualquier lugar donde las personas que se reúnen y se comunican entre ellas, no pertenecen a la misma nación ni son alumnas aplicadas de ninguna escuela de idiomas.

La acción de *Viento de Grop* transcurre en La Costa Brava, donde, actualmente, la lengua menos hablada es el catalán.

A pesar de lo que acabo de afirmar, no solamente mi novela sino todos los diálogos entre la gente del pueblo, son escritos en lengua vernácula, pero en lugar de hacerle hablar el catalán más o menos culto y literario que procuramos hablar en Barcelona los ciudadanos de una cierta cultura, he puesto todos mis sentidos a escribir los diálogos en aquel catalán que hablan los pescadores ampurdaneses y sus esposas en las conversaciones familiares e íntimas.

He pasado largas temporadas en el pueblo de la Costa Brava donde se desarrolla la acción de mi novela. Me alojaba en la casa de unos pescadores y frecuentaba la gente marinera y trabajadora más que la burguesía local y los extranjeros.

Mis personajes hablan tal como hablaban mis dispensarios ocasionales y sus vecinos y, también algunos pescaderos de la playa.

Me expongo, ya lo sé, a que el lector culto y minucioso quede desagradablemente sorprendido en leer los vocablos ordinarios e incluso groseros que me he permitido introducir en esta obra. A mí, personalmente, no me molestan. (Debo sentirme plebeya a veces). Si no pruebo de emplearlos en mis conversaciones privadas es porque no conseguiría soltarlos con la naturalidad y espontaneidad con que lo hacen mis héroes.

Más perdón he de pedir y más excusas he de presentar todavía por el uso inmoderado del verbo hacer conjugado en presente[64], en pasado y en futuro, por bien que no se encuentre incluido ni en las gramáticas ni en los diccionarios de catalán a mi alcance.[65]

Tomando como modelo, a los hombres y también a algunas mujeres, de aquel bienaventurado Ampurdán marítimo, me he tomado la libertad de considerarlo como regular y transitivo y, a veces, como pronominal y reflexivo.

No me he visto capaz de hacer decir a ninguno de mis personajes: «Ya estoy harto, haz lo que quieras», en vez de : «Ya tengo los huevos llenos, hazlo como se te cante».[66]

Ahora, aquí en el corazón de Barcelona y en plena atmósfera otoñal, bien y enmendando el bosquejo de mi novela, concebida y escrita bajo el mismísimo rayo de sol de julio y agosto con rachas de mistral y de ábrego[67], he experimentado una especie de escrúpulo.

---

64   Bertrana utiliza el verbo *fotre* que en catalán es un sinónimo del verbo *fer*, o hacer en español. El verbo *fotre* tiene muchos otros significados y suele utilizarse en expresiones populares que a veces resultan un poco vulgares. Según el contexto se traduce como joder, fastidiar, importar, dar, pegar, tirar, robar, cachondearse, irse, zamparse, ponerse, caerse, etc. Algunos ejemplos son: *no ha fotut res en tot el dia* (no ha hecho nada en todo el día), *el que tu vols es fotre'm* (lo que tú quieres es joderme), *si no t'agrada et fots* (si no te gusta te jodes/te aguantas), *no fotis!* (¡No jodas!), *et fotré una clatellada* (de daré una colleja), *no te'n fotis de mi* (no te cachondees de mí), *m'han fotut la cartera!* (¡me han robado la cartera!), *fotre el camp* (irse), *fotre's de lloros* (caerse), *s'ha fotut tres bistecs* (se ha zampado tres bistecs), *no et fotis a plorar ara* (no te pongas a llorar ahora).

65   Hoy en día el verbo «fotre» aparece en los libros de gramática y diccionarios en papel y online.

66   En la versión original: «Ja n'estic tip, fes el que vulguis» y «Ja en tinc els pebrots plens, fot-ho com te peti».

67   Mistral es el viento frío y seco del noroeste y ábrego es el viento húmedo del suroeste.

Dudaba entre respetar aquellas expresiones y términos, por otro lado tan espontáneos y naturales, o substituirlos por otros términos y otras expresiones más correctas y pulcras. Finalmente los he dejado tal como los había escuchado y escrito des del principio, exponiéndome, y me consta, a ser censurada por los espíritus sensibles. Pero no puedo traicionar la esencia misma de este hablar, sin traicionar también a aquellos mismos que se servían y me han inspirado la novela.

Alguien dirá, quizás, que en este caso lo que hacía falta hacer era no escribirla. Y, quien sabe si tendría razón. No una razón absoluta y universal mas bien una razón particular, personal y local, que no es la mía.

No tengo la pretensión de ofreceros un caso, unos personajes, unas situaciones y unos ambientes excepcionales. La gente de mi novela no son ni malos, ni perversos ni morales, ni positivos ni románticos. Son, como miles y miles de otras criaturas humanas: mediocres en todo, como conviene a los personajes de una novela que no pretende otra cosa sino pintar un ambiente actual donde se mueven pescadores y turistas. Mis personajes viven como saben o como pueden: aquí tropiezo, allá me enderezo, aquí me hundo, allí floto. En el fondo unos pobres diablos víctimas, los unos, de la laboriosidad y la rutina, víctimas los otros de la sensualidad y la pereza.

Escarmentada del poco éxito de una de mis últimas obras, no publicada por un exceso de escrúpulo, quizás moral, quizás comercial, de ciertos editores, y como consecuencia de aquel fracaso aleccionador, he escrito esta novela que podríamos cualificar de rosa.

Empezadla sin miedo. Nada herirá ni vuestro pudor ni vuestra inocencia. No hay ni cornudos, ni invertidos ni incestuosos. La única francesilla que me he permitido con la moral es de aparear dos enamorados sin hacerlos pasar por la sacristía. Ellos no son gente de principios. Se quieren de una manera instintiva y animal como dos bestias del buen Dios. (Un Dios que parecen ignorar). De la misma manera que se han ajuntado se separan cuando uno de los dos está harto de amor mientras el otro continúa insaciable. Y en este tener suficiente del uno y en aquel querer más del otro, se encuentra el punto esencial de la cuestión.

Un drama modesto, hijo de una amoralidad también modesta, que, oso esperar, no herirá la conciencia de ningún moralista, ni afectará el corazón de ningún sentimental.

A. B.

I

Se levantó un poco de mistral. Los pescadores lo llamaban «mistralote». El mar estaba alborotado. No habían salido las barcas de la traíña.[68]

Rafel Sureda dormía a bordo de la «Gracieta» porque en su casa había forasteros.

—Como vosotros dos pasáis la noche en el mar, alquilaré nuestra habitación por un par o tres de días –había dispuesto la Caterina–, la Gloria dice que me darán ochenta pelas diarias[69]. Tú y yo, Met, dormiremos en la cama del muchacho y, el muchacho, en la barca. Cuando yo me levante, de buena mañana, tú, Rafel, puedes dormir con tu padre tanto como quieras. Y si no, te pondré un colchón en el suelo. La Gloria tiene uno que le sobra. Me lo dejará.

Los dos hombres no decían nada. La Caterina añadió:

—Tres o cuatro días pasan rápido, y ochenta pelas diarias hacen de buen aprovechar.

Cuando Jaume Savins, el patrón de la «Gracieta» decidió no ir a calar, Rafel dijo a su padre:

—Me quedaré un rato en sardanas[70]. Después iré a dormir a la barca.

Al día siguiente, cuando se despertó, se dio cuenta que el «mistralote» faltaba. Era domingo. Rafel tenía ganas de distraerse, nadar o barquear un rato.

Se dirigió a Cala Xica donde su padre tenía el bote amarrado. Ya em-

---

68   Salir a la traíña significa salir a arrastrar la red de pesca. Este proceso requiere que el mar esté relativamente clamado

69   «pelas», es la abreviación de pesetas, la moneda anterior al euro en España.

70   Rafel quiere decir que va a ir a bailar sardanas. Las sardanas es el baile nacional de Cataluña. Es una danza colectiva que bailan hombres y mujeres cogidos de las manos formando una redonda, y punteando con los pies el compás de la música típica catalana llamada cobla. Antiguamente en Cataluña era muy común ir a los centros recreativos para practicar sardanas y socializar con la gente, sobre todo en los pueblos. Hoy en día todavía hay grupos regionales de sardanas que se reúnen y practican para competir en los concursos de sardanas y/o simplemente para disfrutar del baile popular catalán.

pezaba a hacer calor. Varar el «Catarineta» le daba pereza[71]. Se quitó los calzones y la camisa. Hizo un fardo, lo escondió bajo el banco de popa.

En la caleta no había ni un alma y en el mar[72], tampoco. Se tiró al agua y nadó, lentamente hacia las rocas. No se escuchaba ningún otro ruido que el de su cuerpo al cortar la ola. Y, después, sus resoplidos un poco más precipitados a medida que se acercaba al roquedal.

Subió a gatas. Se apretó la nariz con las dos manos. Escupió una bocanada de agua salada. Se tiró hacia atrás la cabellera mojada y, entre las pestañas que goteaban, intentó buscar un lugar adecuado para tumbarse.

Caminaba con ciertas precauciones sobre las rocas angulosas. Se pasaba la lengua por los labios saboreando la húmeda salmuera que la ola le había dejado. Parpadeaba iluminado por la reverberación marina. El agua del golfo espejeaba delante suyo hasta el Cap Norfeu[73]. A lo lejos, esfumada por la niebla calinosa, se veía la sierra de Roses.

Encontró una depresión en el roquedal. Se echó al batiente del sol. Aspiró una buena bocanada de aire marino. El pecho se le llenaba de golpes de aire cálido. Cerraba los párpados y, por un rato, saboreaba aquel bienestar inefable. Pero, de repente, se escuchó un gran vacío en el estómago. Recordó que no había comido nada desde la noche anterior. A bordo de la «Gracieta» quedaban olvidadas, una tortilla y dos rebanadas de pan con tomate, que la Caterina le había preparado. De buenas se lo habría comido ahora. ¡Maldita sea!

Mientras el oreo marino, acabado de levantarse, le acariciaba la frente, se le introducía por el pelaje de las piernas y del pecho, haciéndole cosquillas agradablemente, y la ola mansa se rompía a los pies del roquedal, Rafel soñaba con un buen almuerzo: entremeses variados, unos canelones bien hechos, un pollo con sanfaina... De postres, un helado de chocolate con nata; después, café, licores...

Las tripas le rugían. Se echó boca abajo. Permaneció con el rostro

---

71   «Caterineta» en español es Catarinita. El barco de Met tiene el mismo nombre que el
       de su esposa Caterina. Tradicionalmente los pescadores ponen el nombre de su esposa
       a las embarcaciones para reflejar sus dos pasiones: la esposa y el barco; y en el mar, las
       embarcaciones se convierten en las esposas de los pescadores. En la obra, vemos que
       Savins también pone el nombre de su mujer Gracia a su barco utilizando el diminutivo
       «Gracieta».
72   En el texto original Bertrana utilizó la palabra «calanca» que significa una cala peque-
       ña y estrecha. En español puede utilizarse: caleta, ensenada pequeña o cala pequeña.
73   Cap Norfeu es un cabo situado al sureste de la península del Cap de Creus, en el litoral
       del Alto Ampurdán y el norte de la Costa Brava.

escondido en los brazos. Se adormeció y medio soñó que iba en auto. Él era el propietario y lo guiaba. Se había lanzado a hacer quilómetros por las carreteras, pero no iba a ningún lugar determinado. Se embriagaba viendo correr en dirección contraria a la suya, los árboles, las casas, los campos...

Al despertarse y volver a la realidad, Rafel Sureda exhaló un gran suspiro. Estaba harto de hacer de pescador. Su padre, decía, con orgullo, que, de memoria de hombre, todos los Sureda lo habían sido. No concebía que un hijo suyo pudiera hacer otro oficio.

Cuando Rafel era todavía un chiquillo ya lo llevaba a coger mejillones y a calar la red en su bote. A los doce años, lo enroló a la traíña de Savins, al lado de los otros pescadores, hombres ya hechos.

El Martí de los Llànties era pescador, como Met (todos los Llànties lo habían sido, igual que los Sureda). Pero su hijo Biel, al volver de la mili, declaró que sería chofer y el Martí tuvo que agachar la cabeza. El Rafel cuando volvió del servicio militar no se atrevió a imitarle. Y el Met, le sometió de vuelta a la traíña.

Era un hombre muy puesto a la suya, el Met, capaz de hacerle ir a la barca por las buenas o por las malas, a empujones o a golpes de colleja.

Al pensar en ello, Rafel tenía ganas de llorar. Ser un hombre hecho y derecho y, ¡verse dirigido por su padre como un chiquillo!

Viniendo del mar, mezcladas con el chapoteo de nadar se escuchaban voces femeninas. Las voces se iban acercando. Ya se escuchaban encima de las rocas. Hablaban una lengua extranjera.

El Rafel se acordó que iba en calzoncillos, sujetó sus piernas en la roca.

Una muchacha toda mojada se acercó, goteando. Al verle se detuvo, sorprendida, le miró con curiosidad.

—Buenas días[74].

—Bon día[75] –dijo el Rafel en catalán levantando un poco la cabeza.

---

[74] Los errores gramaticales enfatizan el poco conocimiento del español de la protagonista extranjera. Estos errores se repiten cada vez que ambas muchachas intervienen en la obra.

[75] «–Buenos días» en español. Es importante notar que Rafel utiliza el catalán cuando habla con Mabel y Rebeca aunque ellas le respondan en español. Su persistencia en el uso del catalán hace que las extranjeras consigan aprender algunas palabras catalanas mientras veranean en La Cala. Para no perder el efecto que esto produce en el lector he decidido mantener estos diálogos entre Rafel y las protagonistas tal como aparecen en la versión original con la traducción en español a pie de página cuando Rafel utiliza el catalán. Esto seguirá de este modo hasta el capítulo III. Después, todos los diálogos los traduzco al español para facilitar la lectura, pero las intervenciones de Rafel cuando habla con las extranjeras deberán considerarse hablados en catalán.

Otra muchacha se unió a la primera. Hablaban animadamente entre ellas. Seguro que comentaban el encuentro del hombre en calzoncillos. «Mañana me compraré un bañador, aunque tenga que pedir prestado el dinero», decidió Rafel.

Las muchachas extranjeras le miraban con insistencia. Una de ellas era rubia; la otra, morena. La que había saludado al Rafel era la rubia.

—Mucha calor, ¿verdad?

—Sí força[76].

Se acostaron en el suelo cerca de él. Le lanzaban miradas frecuentes. Susurraban en aquella endiablada lengua. La rubia hacía comentarios, la otra decía: Yes, yes.

A Rafel le daba angustia que le vieran con el torso desnudo y en calzoncillos. Se medio levantó y se los ajustó. Después, de un salto, se tiró al agua.

Braceaba cerca de las rocas, sin decidirse a alejarse. Aquellas muchachas le atraían. Eran bonitas, sobre todo la rubia. Y no parecían nada ariscas.

Abordó una vez más el roquedal por el lado de afuera. Se ajustó nuevamente los calzoncillos. Escupía agua salada y se expulsó la cabellera. Se la alisó cuidadosamente con las manos y, al sentirse pasar las ondas por debajo de los dedos, recordó que era una bella cabellera. «Ellas» tenían que darse cuenta.

—Usted nadar muy bien –le soltó la morena con una sonrisa.

La rubia enmendó:

—Como una rana, pero muy bien.

Él replicó un poco picado:

—¿Ustedes no como ranas?[77]

—No. Nosotras, como ranas, no.

—A veure?[78] –dijo Rafel señalando el mar con un movimiento del mentón.

Se lanzó. Las dos muchachas le siguieron. Nadaban en un estilo moderno, con movimientos suaves y elásticos.

Rafel ya se arrepentía de haberlas desafiado. Quizás era un hecho que él nadaba como una rana. Nadie le había enseñado.

---

76   —Sí bastante.
77   En la versión original este diálogo aparece en español tal como lo escribo aquí. Rafel utiliza el español con las extranjeras una vez más en la siguiente página. Después, el protagonista sólo les hablará en catalán.
78   —¿A ver? (A diferencia del español, en catalán sólo se utiliza un signo de interrogación al final de la pregunta).

Se acercó a las muchachas braceando. Les gritó señalando la playa:

—Seguiu-me![79]

Hundió la cabeza en el agua y se puso a bracear y a patalear con energía.

Las extranjeras trataban de atraparle, pero Rafel llegó primero.

—Tú, muy buen nadador –le lanzó la rubia entre respiración y respiración.

—Sí, però «rana»[80] –dijo él riendo–. Ara seguiume fins a les roques[81],–invitó desafiador.

Las muchachas no se hicieron rogar. Llegaron casi los tres al mismo tiempo.

Se encaramaron y se tumbaron el uno cerca del otro.

—¿Mucho tiempo aquí? –preguntó el Rafel.

—Un mes.

—¿Y ahora partir para su país?

—No, no –dijo la rubia sonriendo–. Llegar ayer por noche.

—Ah, vau arribar tot just ahir i encara us hi estareu un mes?[82]

—Eso.

El Rafel se acordó, de repente, que iba en calzoncillos. En un rato, cuando volviera a casa se tendría que poner la camisa y los calzones azules que estaban en el bote, delante de aquellas mozas. Ellas se darían cuenta que no era sino un pescador.

La rubia se le había acercado.

—¿Enfadado conmigo, porque yo decir rana?

—Enfadat? No![83]

—Tú estar ahora sin hablar y con cara seria. ¿Ya no amigos?

—¿Amigos? Sí.

La rubia continuaba con una mirada encandilada con los movimientos del pescador.

—Tú tener una novia. Por eso no querer hablar más con mi.

—No. No tinc novia[84].

Ella movió la cabeza preocupada.

—Tú muy orgulloso de ser español. Todos españoles orgullosos.

---

79   —¡Seguidme!

80   «pero» en catalán lleva acento grave (hacia la izquierda) en la ò, indica que la vocal acentuada se pronuncia con mayor intensidad.

81   —Ahora seguidme hasta las rocas.

82   —Ah, ¿llegasteis justamente ayer y todavía os estaréis un mes?

83   —¿Enfadado? ¡No!

84   —No. No tengo novia.

El Rafel se echó a reír.

—¿Veraneante?—preguntó la rubia después de un momento de silencio.

Él confesó, con pesar.

—Pescador.

El rostro de la muchacha se iluminó.

—¡Oh! ¿Seguro? ¿De veras pescador, tú?

Hablaba como si saboreara un bombón.

—A mí gustar mucho los pescadores. Pescador español machote, fuerte, valiente.

—Coneixes altres pescadors?[85]

—¡Oh, sí! En Tossa. Mi ir con Rebeca en Tossa dos veranos[86]. Pescadores muy morenos, muy machotes. Good lovers.

—Et van ensenyar a parlar en castellà?[87]

—No. Mi aprender en London, antes. En Tossa practicar poco con pescadores. Todos hablar catalán.

Completó:

—Tossa hermoso y divertido.

—Per què has vingut a La Cala aquest any?[88]

Ella alzó los hombros.

Se había acercado un poco más a Rafel arrastrándose por las rocas.

—La Cala muy hermoso, también.

Él le veía el rostro muy cerca, casi rozando. Podría haber compartido las pecas.

Descubrió que tenía los ojos verdes y las pestañas largas y rubias, casi blancas. Al parpadear le proyectaban una sombra ligera encima de la mejilla.

—¿Qué mirar tú? —preguntó ella.

En lugar de responder, Rafel agachó la mirada.

Cuando volvió a alzarla, vio que la rubia sonreía.

Tenía unos labios pulposos todos salpicados de puntitas de salobre y unos dientes blancos y brillantes.

---

85   —¿Conoces otros pescadores?

86   Tossa de Mar, o simplemente Tossa, es uno de los pueblos pescadores más emblemáticos de la Costa Brava. La belleza de sus playas y sus bosques, su patrimonio histórico y cultural, han hecho del lugar un punto de referencia para el turismo. Tossa fue uno de los escenarios principales de la película *Pandora y el holandés errante*, rodada en 1951, protagonizada por Ava Gardner, James Mason y Mario Cabré. En 1977 fue llevada al cine español en *Préstamela esta noche* con Manolo Escobar como protagonista principal.

87   —¿Te enseñaron a hablar en castellano?

88   —¿Por qué has venido a La Cala este año?

Percibía su respirar acompasado y el olor de su piel mojada.

Por el escote del traje de baño se le veían los pechos. Sin moverse habría podido agarrarlos y apretar todo su cuerpo contra el de ella.

Desazonado, reculó un poco. Buscó con la mirada la otra muchacha. Había desaparecido.

—On és, la teva amiga?[89]

La rubia alzó los hombros.

—¿A ti gustar más Rebeca?

Removió la cabeza.

—Vosotros españoles, siempre complicar las cosas.

El Rafel se dio cuenta que la morena nadaba.

—Italiana? –preguntó.

—Inglesa, como mi. Bueno, inglesa no, escocesa.

Añadió con coquetería:

—¿Qué te gusta más, ella o mi?

—Tu sembles anglesa, ella, italiana o francesa[90].

—Las dos inglesas y amigas. Nunca pelear por pescadores. Nunca estorbar una a otra. Tú hacer el amor a mí, ella irse. Tú hacer el amor a ella, irme yo.

Se levantó lánguidamente. Se expulsó la cabellera. Hizo un movimiento con los brazos, estirándose. Su cuerpo describió una curva en el espacio como si fuera a danzar. Avanzaba por el roquedal con zancadas ligeras de rebeco[91].

Se detuvo en la arista de una roca. Aspiró aire marino.

El Rafel la seguía con los ojos. La respiración se le había echo más rápida. Exhaló un gran suspiro. Se levantó de un salto y, de una carrerilla, se tiró al agua.

Nadaba rápidamente hacia la cala sin girar la cabeza. Mientras nadaba se cruzó con la morena. La saludó con un movimiento de la mano.

Se vistió en un santiamén al resguardo del bote. Caminó con grandes zancadas hacia La Cala.

No sabía por qué había huido. No sabía de qué ni de quién tenía miedo. Se sentía como avergonzado de él mismo y acobardado.

—¿Sabes qué hora es, mozo? –le dijo la Caterina al verle llegar.

El Rafel alzó los hombros.

---

89   —¿Dónde está, tu amiga?

90   —Tú pareces inglesa, ella, italiana o francesa.

91   Rebeco es un tipo de cabra que habita en las montañas del Pirineo catalán y la cordillera cantábrica del norte de España.

—Son las dos bien dadas, para que lo sepas.

Él se limitó a preguntar:

—¿Habéis almorzado?

—Claro que hemos almorzado, ¡borrego![92] ¿Dónde estabas hasta estas horas?

—He ido a las rocas, a nadar.

—Como un veraneante, ¡vaya!

Puso un plato de vianda encima de los salvamanteles.

—Anda, come. El arroz está bien pasado.

Le miró fijamente.

—Haces cara de cansado, chico.

Añadió:

—Después de comer ve a echarte en tu cama. Tu padre se ha echado hasta cerca de las dos.

—¿Dónde está ahora, padre?

—En el café.

Al terminar el arroz y la ensalada, Rafel rebañó el plato con un pedazo de pan.

—¿No hay nada más?

—¿Qué quieres que haya? No es fiesta mayor, hoy.

Rafel se fue a descansar. Se puso de espaldas, con la cabeza en el cojín y los ojos bien abiertos. La mirada se le iba de aquí allá. Se detuvo en la gran estrella de mar que se destacaba en la pared emblanquecida. Tenía cinco puntas y una de ellas señalaba el norte.

Rafel recordaba los labios, las piernas y los pechos de la rubia, el olor especial de su piel mezclada con emanaciones de salobre.[93]

Se durmió imaginándose el gozo de restregar aquella moza. De repente rabiaba por hacerlo y lamentaba no haberle tocado ni un pelo.

Por las rendijas de la persiana tirada entraba la claridad del sol, dos o tres de estas cintas doradas se movían fantasmalmente encima de la colcha.

La voz ronca de una radio vecina anunciaba: «Chubascos de carácter tormentoso».

El reloj de la iglesia tocaba horas. Rafel las contó: seis. Dio un salto y bajó a afeitarse

---

[92]   En la versión original en vez de «borrego» aparece la palabra «borrango». En catalán «borrango» es un insulto derivado de la palabra borra que quiere decir pelusa. En castellano también se utiliza la palabra borra para referirse a la palabra pelusa, pero no existe ningún derivado de dicha palabra como un insulto. En esta edición he optado por usar el insulto «borrego» en español por el parecido fonético con la palabra en catalán.

[93]   Salobre: que tiene sabor de alguna sal.

II

El Biel de los Llànties había pedido tratos[94] a la Roseta de los Pitiu, boba, esmirriada y feúcha. Biel solía decir, de las mujeres, que tanto valía una como la otra. Todas eran más o menos igual. Un hombre se tiene que casar, tener una en casa que le haga la comida, le lave la ropa, le caliente la cama, en el invierno. Y quien dice calentar la cama, dice otra cosa, ya se entiende.

Había escogido la Roseta de los Pitiu porque era amiga de su hermana. Ella estaba por él, el Biel, y el Biel confiaba en su fidelidad y abnegación futuras.

Los domingos por la tarde, la pareja salía a dar el paseo. Iban uno al lado del otro, no muy juntos, por el Paseo de Mar hasta La Punta. De La Punta caminaban hasta el Cuartel de la Guardia Civil. Cuando llegaban a «Todo por la Patria» giraban y volvían hasta La Punta. Repetían la operación tantas veces como hacía falta hasta que tocaban las ocho de la noche. Entonces la Roseta decía, con pesar:

—Me tengo que ir a casa, Biel.

Y Biel respondía con indiferencia:

—*Bueno*[95], te acompaño.

Era el segundo año que se paseaban juntos, puntualmente, metódicamente, cada domingo de cinco a ocho, desde abril a octubre. En el invierno, él iba a casa de los suegros. Se sentaban en la cocina, cerca de la chimenea encendida. Tostaban castañas y cacahuetes.

El Biel y la Roseta de los Pitiu no iban nunca solos al cine porque los padres de la muchacha no querían. Eran gente muy seria, siempre preocupados del qué dirán. El padre Pitiu, a las órdenes del vicario,

---

94 Pedir tratos es una expresión coloquial que significa solicitar permiso a los padres para tener una relación amorosa y formal con la hija. No confundir con «pedir trato» en el sentido de pedir comunicación ilícita en relaciones personales o comerciales.

95 En la versión original aparece «Bueno», en español y en cursiva. Esto enfatiza el uso del lenguaje coloquial del protagonista. En el catalán informal es muy común escuchar la palabra «bueno» en vez de «bé» en catalán para indicar acuerdo en una conversación. La pronunciación catalana de «bueno» es distinta de la española. La –o final se pronuncia –u: /ˈbwenu/. La catalanización de «bueno» en el texto original señala la influencia del español en el catalán en una época en que el catalán estaba prohibido en España y los catalanes lo aprendían de manera informal en la calle y en casa.

velaba por la moral del pueblo. Además pasaba el bacín en la iglesia los domingos y los días de fiesta, en la misa de nueve. De la gente que iba a las otras misas, el Pitiu no habría dado ni un real[96]. No eran los auténticos devotos, según él.

Biel había tratado dos o tres veces de llevar a la Roseta hasta una playa desierta o una pineda[97] escondida, con la intención de magrearla[98] poco o mucho y ver cómo estaba hecha por debajo y si le gustaba la mandanga. Pero ella se negaba obstinadamente. Quería maridarse pura. Lucir la flor de naranjo con todos los derechos y no exponerse a que el prometido la dejara después de haberla probado.

Rafel se moría de ganas de hablar de las muchachas inglesas con Biel. Se endomingó y se dirigió al Paseo de Mar con la esperanza de encontrarlo y, de pasada, ver si las encontraba, a ellas. Le pesaba haberse separado sin concertar una nueva entrevista.

Al pasar por delante del «Glacier» retardó el paso. Miró las mesas rodeadas de turistas extranjeros. Después pasó entre la gente que llenaba también el «Cafè de La Punta». Tampoco no olvidó de pasar revista a «Cal Coix», el café popular instalado en la playa. No las encontró en ninguna parte.

Volvió al Paseo de Mar, y, más convencido que nunca, que ellas tenían que estar en el «Glacier» empezó a roncear[99] arriba y abajo de las terrazas. No se instaló porque tenía el dinero contado y, en el «Glacier» cualquier bebida costaba un ojo de la cara.

—Adiós, ¡tú!

Era el Biel. Iba, claro, con la Roseta. Ella lucía un vestido azul cielo muy vaporoso. Llevaba un abanico en los dedos y una bolsita blanca de plástico, colgada en el brazo.

—¿Dónde vas, como una alma en pena?

—Te buscaba. Tenemos que hablar.

La Roseta torció el morrito y se puso a mirar el mar.

---

96   El real es la antigua moneda española acuñada por el rey. No dar ni un real significa que no habría dado nada.

97   Una pineda es un bosque de pinos o pinar.

98   Magrear significa acariciar eróticamente. Gustarle a uno la mandanga quiere decir abandorarse al erotismo.

99   La palabra roncear suele utilizarse para indicar el movimiento de una embarcación al deslizarse lateralmente en el mar. También se usa de forma figurativa en el sentido de mover una cosa pesadamente. En el texto Bertrana juega con el significado roncear y lo utiliza para establecer una relación de semejanza entre el movimiento de Rafel cuando va en busca de las extranjeras por el Paseo del «Mar» con el movimiento de una embarcación en el océano en busca de su presa.

—¿Ahora mismo? –preguntó el Biel.

—Cuando puedas. Pero tendrá que ser antes de las nueve. Esta noche saldremos casi seguro, a la traíña.

Biel miró su reloj de pulsera.

—Son las siete y media. Acompaño a la Roseta a su casa y vuelvo.

Ella hizo, en un lamento:

—¿Ya?

—Siempre te acompaño a las ocho. No vendrá de media hora.

Ella calló toda compungida.

—¿Me esperas aquí mismo? –preguntó Biel.

—Te espero yendo arriba y abajo, de La Punta al cuartel.

—De acuerdo.

Al volver, Biel anunció a su amigo:

—La Roseta se ha hecho un hartón de llorar.

—¡Córcholis! ¿Por tan poca cosa llora?

—Es una mojigata, ya lo sabes. Pero está colgada por mi. Haré lo que quiera.

Rafel preguntó, con malicia:

—¿Cuándo?

—Cuando habrán anunciado oficialmente nuestra boda, hombre.

—¿Estás bien decidido a casarte?

Biel alzó los hombros.

—Y entonces, ¿con quién?

—Qué sé yo, con otro tipo de mujer.

—Y dónde está, ¿este otro tipo de mujer?

—¿Dónde?, Aquí mismo, en La Cala. Está llena de extranjeras bonitas y despreocupadas.

—De acuerdo. Con estas te las chalas[100], si puedes, y listos. Pero no hacen el almuerzo ni te lavan la ropa. Aunque, a menudo, tienen la bolsa bien llena y te pagan comilonas, bailes y salidas. Y, a veces, hasta te hacen regalos.

Estalló una buena risotada.

—Así me lo han dicho, ei. No lo sé por experiencia propia. Se dice que, en Tosa, en Lloret de Mar, y también en Cadaqués, hay pescadores que no pierden el tiempo. Yo y tú sí, que perdemos el tiempo.

—Oh, yo...

—¿Has encontrado alguna, tú?

---

100   En el lenguaje coloquial, «te las chalas» significa tener sexo.

—Tanto como encontrar una...

Le explicó, con detalle, la aventura de la mañana en las rocas.

Biel se mostró atraído.

—¿Y dices que son dos?

—Una rubia, una morena. La rubia parece que está por mi.

—¿Adónde se las puede encontrar?

—No lo sé seguro. En La Cala no es muy difícil, creo.

—¿Es de esto que querías hablarme? Pensaba que era de hacerte chofer, que lo habías discutido con tu padre y venías a decírmelo.

—No me atrevo, chico, es que padre tiene un genio...

—No te va a comer.

—Comerme propiamente, no. Pero quizás me arrearía una bofetada o me echaría de casa.

—*Bueno*, ¿y qué? El día que quieras dejar la traíña yo te encuentro una plaza de cobrador en la S.A.R.F.A.[101] Y, mientras tanto, te enseño a manejar el auto.

—Ya me gustaría...

—Tiempo hace que te lo digo. Eres demasiado achantado, tú. No harás nunca nada si no te decides.

—Un día de estos se lo diré a padre. Ya estoy harto, de hacer de pescador.

—Déjaselo ir hoy mismo y yo mañana le digo algo a mi compañero de la S.A.R.F.A. Es un hombre influyente. Justamente le tengo que ver por un asunto pendiente.

—No, hoy, no. Querría localizar aquellas mozas. Ayúdame. Nos la pasaríamos cojonuda.

—¿Qué plan tienes?

—Buscarlas por La Cala y, si las encontramos, invitarlas a dar un paseo en barca. Cogeríamos el bote de mi padre. Podríamos ir hasta la Cova Gran[102]. Hay claro de luna.

—Si vais a la traíña, ¿cómo quieres pasear a las inglesas?

—Quizás no iremos. También las podríamos invitar a una copa de jerez, en «La Sirena Alegre». Siempre hacen ir el tocadiscos. Ponen un montón de pasos dobles que enamoran[103]. Se volverían locas, créeme.

---

101   La Sociedad Anónima Ribot, Font y Artigues, es la compañía de autobuses de las comarcas de Gerona (el Gironés, la Selva, el Pla de l'Estany, la Garrocha, el Ripollés, el Alto Ampurdán y el Bajo Ampurdán).

102   Cueva Grande en español.

103   El pasodoble es un tipo de baile folklórico español. En el texto se utiliza el plural incorrectamente como lo haría un catalán con poco conocimiento o poco uso del castellano.

—¿Traes pelas?

—Para ir a «La Sirena Alegre» no hacen falta muchas. Y si las entusiasmamos a bailar...

—Bueno. A las nueve y media te espero en el «Cafè del Coix». ¿Entendidos?

—Sí, pero si vamos a la traíña...

—No vayas a la traíña, ¡córcholis! Por una noche... Di que te ha cogido mal de vientre. Ahora hay una epidemia.

Añadió:

—Tienes que saber lo que quieres, ¡re-Dios! Planta cara a tu padre de una vez. Pero no tienes coraje para hacerlo. Eres un cagado.[104]

—No te exaltes, Biel.

—Entonces, háblale hoy mismo.

—Sí que lo haré. Pero hoy, no. Hoy prefiero hacer ver que tengo mal de vientre.

Met y Rafel estaban sentados en la mesa. Caterina iba y venía de la cocina. Les servía la cena.

Rafel miraba de reojo a su padre: Nunca tendría el coraje de decirle cara a cara que no quería continuar en hacer de pescador. Presentía su respuesta: «No, no y siempre no». Met era tiránico y gritón. No estaba por tonterías. No aceptaba discutir con el muchacho. Era injusto en considerar su poca inclinación hacia la pesca. No todo el mundo era igual. Puedes ser un buen trabajador, un hombre honrado, haciendo de mecánico, de carpintero o de chofer.

Rafel se sentía amo de la razón, pero no se atrevía a defenderla. Y menos aquella noche, angustiado por la aventura de la mañana y la esperanza de continuarla.

Biel le echaría en cara su cobardía. Pero no podía hablar. Era más fuerte que él.

Después de cenar, Met se levantó de la mesa, fue a buscar los pantalones encerados, la gorra de visera y el cubo de plástico.

—¿Me has puesto el desayuno, Caterina?

Caterina salió de la cocina con una servilleta con anudado por las cuatro puntas.

—Contiene el del muchacho y el tuyo.

Rafel preguntó con voz insegura.

—¿Vais a la traíña, padre?

---

104 «Ser un cagado» en el lenguaje coloquial significa ser miedoso.

—¿Y pues?

Añadió pasando la puerta:

—No hagas tarde.

Rafel sintió que el espíritu de la revuelta le invadía. No iría al mar, aquella noche. No iría, aunque el mundo se derrumbara. Ahora que Quimet Sureda había desaparecido de su vista, se sentía la voluntad más firme.

Se proveyó de los utensilios de embarcar para que Caterina no sospechara sus propósitos. Cuando se disponía a salir, ella le gritó:

—¿Con los pantalones y el jersey de las fiestas, vas a la traíña?

Él se quedó un momento indeciso. Luego:

—Tengo que pasar un momento por el «Cafè del Coix».

—Pero...

Caterina se quedó plantada en el paso de la puerta. El muchacho se había escabullido sin dar ninguna explicación. Debía traer algo entre manos. Si su padre lo sabía...

Biel quedó sorprendido al ver llegar a su compañero cargado con un cubo de plástico, el delantal encerado y el sombrero de paja de alas anchas.

—¿De verdad te vas, a la traíña? ¿Para eso me has hecho venir?

—Me he vestido así para despistar a madre. Esta noche no voy, a la traíña. Pase lo que pase.

–Ahora me gustas, hombre.

—Deben estar a punto de salir. Podría ser que me buscaran.

Parecía un poco alarmado. Biel le empujó hacia dentro del Cafè del Coix, le quitó los utensilios de la pesca, los fue a esconder en una trasalcoba donde había montones y montones de cajas de gaseosas y de coca-cola vacías. No dio ninguna explicación a nadie y tampoco no se la pidieron.

Se escabulleron por la puerta del patio. Salieron al Paseo de Mar, poco concurrido en aquella hora.

Un vistazo del puerto y de las barcas, Biel comentó, riendo.

—Parecemos dos desertores.

—Yo lo soy –aceptó el otro.

Sabía que en esos momentos, Met y Savins, el patrón de la barca, le estaban buscando. La Caterina les habría dicho que había salido para embarcarse. Retardarían la salida de la «Gracieta» para esperarle. Después, al ver que no venía, la vararían maldiciéndole los huesos. Y mañana, Met, le llenaría de improperios. Por otra parte, estaba satisfecho de él mismo. Había tomado una decisión. Biel no le trataría más de cagado y de cobarde.

Se pusieron a buscar a las inglesas. El Paseo de Mar lo anduvieron de una punta a la otra quien sabe las veces. Exploraron la terraza del «Glacier». Metieron la nariz en «La Sirena Alegre».

Este bar tenía pésima reputación. Había gente forastera de mala estofa. Se emborrachaban y armaban unas juergas imponentes hasta la madrugada. Unas muchachas solas, por muy inglesas que fueran, no se atreverían a entrar allí. «El Oasis» era diferente. Había atracciones y se bailaba con orquesta. Incluso iban tenderos enriquecidos, de La Cala, endomingados y con la esposa. El precio de las consumiciones era muy alto. Ni Biel ni Rafel llevaban suficiente dinero para sentarse en una mesa. Pero Biel decidió:

—Miraremos las mesas desde la entrada.

«El Oasis» estaba instalado en un patio con dos palmeras. Las palmeras no eran de plástico. Por bien que viejas, desmedradas y llenas de polvo, eran naturales.

Dos años atrás, aquel patio servía de establo. El barrendero municipal era el propietario. Ahí guardaba la mula y el carro de la basura. Alguien le sugirió que allí se podía instalar un «dancing». El barrendero lo pensó por un tiempo. Recapacitó que la idea era buena. Se decidió a ponerla en práctica.

Había encontrado seguidamente un socio capitalista, el mismo que le había sugerido la idea. Y, en poco tiempo, los dos hombres convirtieron el establo en un pretendido oasis. La idea del nombre, también era del socio. Para que las parejas pudieran bailar hicieron construir una pista de cemento. Alrededor, instalaron mesas y sillas. Al principio bailaban al sonido de un tocadiscos, más tarde, ya lo hicieron con orquesta.

Al cabo de un año, el barrendero presentó la dimisión al Ayuntamiento de La Cala. Vendió la mula y el carro y adquirió un automóvil. Al cabo de dos años ya se hacía construir una torre en La Punta.

Rafel y Biel entraron en «El Oasis».

Farolillos a la veneciana de formas y colores orientales, colgaban de unos alambres extendidos de palmera a palmera.

Aquella noche, el conjunto de jazz era «Los Diablos», unos muchachos de Badalona que apenas empezaban a hacer de profesionales.

Iban vestidos de rojo, zapatos incluidos. Desafinaban como ladrones y atropellaban el ritmo de los bailes. Uno tocaba el acordeón, el otro la guitarra eléctrica, el tercero el trombón de varas, el cuarto la batería y el último cantaba y animaba a los bailadores. Se servía de un micrófono portátil, le permitía desplazarse sin dejar de cantar. Iba de un lado a otro, todo el alcance del cordón, moviéndose de una forma simiesca. Movía la cabeza y los hombros como si tuviera el mal de San Vito[105].

En la pista sólo había dos o tres parejas de extranjeros. Y el del trombón las perseguía estirando y encogiendo las varas hasta tocar las ancas de las bailadoras con el pabellón del instrumento. Las bailadoras gritaban y reían.

Los dos hombres habían avanzado tres o cuatro pasos. Estaban quien sabe lo entusiasmados.

Se les presentó un mozo.

—¿Mesa, señores?

El Biel le miró y se echó a reír.

—No te esfuerces, Marcel.linet somos de aquí.

El mozo era hijo de un pescador compañero de barca del Martí de los Llànties.

—Si no os queréis sentar, iros. El amo no está para bromas.

—Ya nos vamos, hombre, buscábamos a unas extranjeras.

—Todos lo son de extranjeros, aquí. Si os queréis quedar, id a una mesa, tomad alguna cosa.

Al Biel ya comenzaban a hinchársele las narices.

—No tengas tantos humos, mierdoso, aunque vayas con chaqueta blanca y botones dorados.

El Marcel.linet replicó:

—Yo me gano la vida, aquí. Si no os vais, avisaré al amo.

—¡Córcholis! ¡Ni que fuera la catedral, este establo!

—Vamos –rogó Rafel–. Si no, alguien irá mañana a contárselo a padre. ¡Sólo me faltaría esta!

En «La Peixera» no se atrevieron a entrar. Era un lugar de demasiada categoría. No querían exponerse a otro miguel.

Cansados de ir de la ceca a la meca sin encontrar por ningún lado

---

105 El baile de San Vito o el mal de San Vito es una expresión coloquial para describir los movimientos descontrolados y torpes de alguien. Antiguamente se utilizaba esta expresión para describir lo que hoy se conoce como la enfermedad de Huntington, cuyos síntomas iniciales se manifiestan mediante movimientos espásticos, descontrolados y torpes.

a aquellas mozas, fueron a parar al «Cafè de la Punta». Tomaron un *quinto* y se separaron enfuscados. Biel opinaba que era una noche perdida, Rafel se sentía cada vez más aturdido y agobiado. Met Sureda volvería de la traíña hecho un relámpago. Y él no sabría qué explicación darle.

—Le tienes que decir la verdad —aconsejó Biel—. Dile que estás harto, de ir al mar, ¡re-córcholis!

Apenas clareaba cuando Met Sureda entró al dormitorio de Rafel.

—¿Qué demonios haces en la cama, tú?

El muchacho se incorporó.

—Tengo mal de vientre. No me he podido mover de casa.

Caterina, avisada por el muchacho, había acordado hacer de cómplice. Se levantó a toda prisa.

—Apenas te fuiste, al chico le vinieron retorcijones de vientre. Parece que comió demasiado melón. Le he hecho agua de poleo y cataplasma.

Met tenía los ojos contraídos de sueño. Miraba a su mujer con desconfianza.

—Cuando vino Ramón Savins a buscarlo, tú le dijiste que el muchacho estaba afuera.

—Sí, claro que estaba afuera, había ido detrás tuyo para salir al mar. Por el camino le vinieron los retorcijones.

III

En la vigilia de San Jaime, Met le dijo a Rafel:

—Mañana, bien temprano, iremos a coger mejillones. Es el santo de Savins y esta noche no saldremos a la traíña.[106] Te despertaré al amanecer. Espabílate a dormir hoy y, sobre todo —añadió con ironía—, no vuelvas a comer melón no vaya a ser que te viniera mal de vientre.

Rafel se tragó la indirecta sin decir ni pío.

Al día siguiente, padre e hijo fueron con el bote hasta las rocas del Cap Mitjorn donde había unas mejilloneras famosas.

Rafel no dijo ni una palabra en todo el camino. Estaba enfadado con Met porque le hacía trabajar en una fiesta tan señalada.

El padre adivinaba el pensamiento del muchacho. Se habría peleado si el otro insinuaba cualquier protesta. Pero Rafel se mostraba esquivo y tozudo. Y Met no podía comprender que un hijo suyo no amara el mar y la pesca. Estaba convencido que no había divertimiento en el mundo mejor que el de pescar.

El bote se deslizaba encima del agua quieta y transparente, bajo un cielo azul sin ninguna nube, en un silencio perfecto, rompiendo sólo por el golpe ligero de los remos.

El «Catarineta» era una pequeña pero sólida embarcación, capaz de ciertas proezas marineras y pescadoras. Met lo conducía mar adentro con orgullo.

Lo había bautizado cuando la Caterina estaba preñada del muchacho. Entonces todavía le decía «Caterineta bella». De bella lo era, entonces, la Caterina. Pero al nacer el Rafaelillo se enfermó meses y meses y ya nunca más lo fue, de bella.

El muchacho sí que lo era. (Le miró de reojo). La gente del pueblo,

---

106   Se refiere al Santo de Jaume Savins, es decir, de San Jaime en español. En España se celebran los días de los santos. Las personas que tienen un nombre de un santo como Jaume/Jaime, celebran el día del santo haciendo algo especial con la familia y amigos.

tan allegada a sacar motes, le llamaba «el chico guapo». Era un nombre vergonzoso para un pescador. Un nombre de perezoso y de presumido, ¡estamos listos!

Volvió a mirar a Rafel. El muchacho también le estaba mirando. Los dos se apresuraron a desviar la vista.

Rafel no veía ni el mar ni el cielo ni las rocas que ya se acercaban, ni la sierra de Roses al otro lado del golfo, como envuelta de celofán. Masticaba su repulsa sin atreverse a vomitarla allí mismo, mientras se dirigía hacia el Cap Mitjorn donde le esperaban unas horas de trabajo pesado y enojoso.

Admiraba y envidiaba a Biel, hijo y nieto de pescadores como él mismo, que había tenido la osadía de romper la tradición familiar y hacerse chofer.

Cuando desembarcaron en las rocas, apenas salía el sol. El cielo y el mar continuaban limpios y pulidos[107].

Empezaron la faena. Cada uno de ellos trabajaba independiente del otro, separados por las crestas rocosas: ora con las piernas sumergidas, ora con el cuerpo entero bajo el agua.

Se agarraban con los pies al roquedal. Se afilaban las uñas. Se dejaban fragmentos de piel.

Sólo se escuchaba el chapoteo de las olas mansas. Venían a deshacerse contra las rocas. Rafel exhalaba suspiros de protesta. Met se esmeraba jadeando de fatiga.

Recogieron algunos kilos de mejillones. Met estaba contento. Sabía que ya los esperaban, y se los pagarían bien. Más de un Jaime, forastero o de La Cala, celebraría el día de su santo con un sabroso arroz de pescado. Sus mejillones contribuirían.

Met remaba, Rafel manejaba el timón. El muchacho, medio adormecido, pensaba en la parte que su padre le daría de la ganancia. No se hacía muchas ilusiones. Met era tacaño, le pagaría con una miseria. No hacía falta soñar en quejarse. Si lo hacía, el viejo le pondría el disco de la canción enfadosa: Que si el bote se lo había ganado él con su trabajo, que si tenía que pagar la contribución de la casa y el recibo de la electricidad, que si esto que si lo otro y patatín y patatán...

Si aquellas dos mozas todavía estaban en La Cala (Rafel comenzaba a dudarlo) podría llevarlas a un café, quizás invitarlas a bailar en «El Oasis»...

---

107   En la versión original en vez de «pulidos» aparece la palabra «esterrejats» que en catalán significa limpiar con tierra o con otra substancia absorbente.

Se le cerraban los párpados. La mano que guiaba el timón se le aflojaba. Empezaba a soñar que su brazo estrechaba el cuerpo de la rubia. La rubia le ponía la cabeza en sus hombros.

Le desveló la voz de Met.

—¡Eh, tú!

Había dejado que el bote se desviara. Enderezó el timón y procuró no volver a dormirse.

La marinada adormecía, el sol empezaba a picar, el mar espejeaba deslumbrante.

Todavía no eran las once cuando desembarcaron en Cala Xica. Amarraron el bote en la estaca haciéndolo deslizar por las traviesas. Seguidamente, cargados con los cubos de los mejillones, subieron por el sendero que conduce a los tendederos.

Las mujeres, sentadas en el suelo se protegían del sol con un sombrero de paja o un paraguas, se afanaban a reparar las redes. Hacían ir el cuchillo y el cordón de un lado a otro de las mallas a una velocidad vertiginosa.

Los dos mejilloneros las saludaban a su paso. Ellas correspondían sin alzar los ojos de la faena.

—Hola, Gràcia.

—Buenos días, Met y la compañía.

—¿Trabajando, no, Maximeta?

—¿Y qué queréis, hijo?

Otra preguntaba:

—¿Muchos mejillones, Met?

—¡Bastantes!

En dirección contraria a los pescadores pasaban bañistas extranjeros formando una hilera. Huían de las playas de La Cala, demasiado llenas de gente. Buscaban un poco más de espacio en las caletas rocosas y en los arenales vecinos.

A lo largo de todo el litoral, centenares y miles de personas se esparcían por la arena. Toallas y sombrillas de colorines se mezclaban.

Rafel observaba, con envidia, aquel espectáculo pintoresco y seductor. ¿Por qué no podía, él, entremezclarse allí? Quizás aquellas mozas estaban por ahí en medio.

Miraba a las mujeres que pasaban por su lado. Lucían bañadores de formas y colores increíbles. Culotes y toreras rosa y azul cielo, que dejaban ver la carne del vientre y de la espalda bronceada o, simplemente, quemada por el sol; a menudo con ronchas rojizas repugnantes de lepra.

Met, ostensiblemente ofuscado, giraba el rostro hacia el otro lado.

Rafel, las examinaba a todas, una a una, como si fueran una mercancía y él el posible comprador. Las había delgadas, grandes, rubias y morenas, jóvenes y viejas. Y de repente, una de ellas se paró delante suyo.

—¡Oh, buenas días!

Él también se había parado y la miraba como quien no cree en lo que ve.

La rubia llevaba un bañador de punto muy ajustado. Se le dibujaban todas las formas.

—Hola –dijo Rafel–, a bañar?[108]

—Sí. ¿Tú volver ya?

Él le mostró el cubo de plástico.

—Vengo de ir a coger mejillones con mi padre.

—¿También pescador, él?

—Sí, los dos pescadores.

Met no se había detenido ni girado la cabeza. No parecía ni darse cuenta que el muchacho hablaba con una extranjera.

La rubia le preguntó al Rafel con una sonrisa invitadora:

—¿Tú ir a bañar a las rocas, después?

—*Bueno* –hizo él entusiasmado.

—¿A las rocas mismas del otro día?

——Sí, sí, en las mismas rocas.

—Nosotras ir a mismas rocas, también.

Al escuchar «nosotras» Rafel se dio cuenta de que la morena también se había parado y le miraba sonriendo.

—Hasta luego –les gritó echándose a correr detrás de su padre.

Met no le preguntó nada y él, tampoco no le dijo ni una sola palabra.

Al llegar a casa, sacó un cubo de agua del pozo y fue a enjabonarse y enjuagarse en el patio. Su padre le gritó, mientras pasaba:

—No remolonees mucho por ahí abajo y ven enseguida a echarte.

El muchacho no contestó. Desayunó en un volado. Bebió un buen trago de agua del cántaro y salió a comprarse, a crédito, un bañador, el más llamativo posible.

---

108 A partir de ahora, los diálogos de Rafel cuando habla con las extranjeras los traduzco al español sin incluir notas a pie de página para facilitar la lectura. Sin embargo, todos estos diálogos deben considerarse hablados en catalán como en el capítulo I.

Met había comido un bocado. Había dicho a la Caterina:

—Esta tarde tengo que ir al huerto a coger un puñado de tomates y un par de melones que ya están maduros. También tengo que dar un vistazo a las berenjenas y regar las alubias. Si el muchacho se levanta antes que yo, dile que en el huerto también hay trabajo para él.

La Caterina observó:

—Hoy es el día de San Jaime y el Rafel es joven.

—También lo es para mí, el día de San Jaime, y soy viejo y no paro de trabajar.

—Porque quieres.

–¿Porque quiero? ¡Eso sí que tiene guasa! ¿Tengo que permitir que los tomates y los melones se pudran y las alubias se sequen porque es San Jaime? ¡Si te parece lo dejaré todo, iré al café a jugar a la «botifarra» con los compañeros o a sentarme en el banco de los «si-no-fuera» a hablar y tomar el fresco[109]!

La Caterina no replicó. Conocía a su marido. Siempre era él quien tenía que decir la última palabra. Discutir con él habría sido la canción del enfadoso.

Levantó los hombros y balbuceó, a guisa de réplica:

—Ya te aclararás, chico.

---

109   El juego de la «botifarra» es un juego de cartas muy popular en Cataluña.

IV

Cuando las muchachas inglesas y Rafel se encontraron en las rocas, era más de mediodía. Él estaba cansado de esperar. Había tomado una siesta y, al verlas delante suyo, no pudo menos que exclamar:

—¡Gracias a Dios!

Ellas habían venido por tierra y, la morena, se lanzó seguidamente al agua.

—¿Qué querer decir «gracias a Dios»? [110]–preguntó la rubia.

—Que estaba impaciente, esperando y ahora estoy contento.

—Tú contento de verme llegar, ¿no?

Ella se había tumbado a su lado y le miraba con una franca admiración.

No había nadie más en las rocas. Rafel buscó con la mirada a la morena.

—Dónde está tu compañera?

—Tú siempre preguntar por ella. ¿Gustar a ti Rebeca o yo?

—Tú.

Ella se acercó más a Rafel. Le desató el botón de los hombros. Le bajó el bañador hasta la cintura.

—Mejor no usar vestido de baño. Tú haber hermoso cuerpo musculoso y moreno. Mi gozar viendo tú así.

Le acarició el pecho y los hombros.

—Nunca ver otro pescador tan bello como tú.

Él medio avergonzado le habría querido decir alguna palabra amable. No se le ocurría ninguna. Finalmente preguntó:

—¿Cómo te llamas?

La rubia pronunció lentísimamente, separando las sílabas.

—My name is Mabel.

---

110   En la versión original Mabel le pregunta a Rafel qué quiere decir la expresión catalana «gàcies a Déu» (en español «gracias a Dios»), porque en el texto origina Rafel se dirige a las extranjeras en catalán.

Con un gesto ingenuo, un poco infantil, se inclinó hacia el pescador.

—¿Gustar a ti Mabel?

—Es un nombre muy dulce.

—Repítelo.

Él dijo:

—Mabel.

—No, Meibl. Prueba ahora.

Como un chiquillo en la escuela, él trató de repetir:

—Meibl.

Ella se reía.

—Y tú, ¿cómo llamarte?

—Rafel.

La rubia repitió.

—Rafel... Rafel... Es nombre muy romántico.

Le puso la cabeza encima del pecho. Permaneció quieta como si quisiera adormecerse.

Él no se movía, feliz de sentir aquel peso encima suyo. La cabellera de la Mabel exhalaba un perfume especial, ligero, exótico. Rafel lo aspiraba y se embriagaba.

De vez en cuando ella giraba un poco el rostro y le sonreía. Su frente era lisa, tierna, sin ningún surco de duda o de preocupación.

Rafel no osaba a moverse.

Las pestañas de la Mabel, rubias y espesas, formaban un flequillo alrededor de sus ojos, le proyectaban una sombra movible encima de la mejilla.

Rafel comenzó a acariciarle la cabellera. Era larga, perfumada, brillante. Tenía el tacto de la seda.

—¿Quién eres? –preguntó muy bajito como para él mismo.

Ella sonrió.

—¿Qué importa, quién soy? Mabel, tu Mabel.

Le besaba el pecho suavemente, tan suavemente que más que contacto de labios parecía el roce de una ala de mariposa.

Para no estrechar aquel cuerpo oloroso y tibio que se apoyaba en el suyo, Rafel tenía que mantenerse encarado y rígido.

Mabel le rodeó el torso con los brazos, le murmuró a la oreja haciéndole cosquillas.

—Mi amar ti, Rafel.

Él la apartó con suavidad.

—Soy un pobre pescador. Tú eres una señorita.

Mabel se expulsó la cabellera, alzó los hombros con enojo.

—Tú español orgulloso. Ideas anticuadas, necias.

—¡No! —protestó Rafel con fuego—. Te respeto porque eres una chica. ¿Comprendes?

Le puso las dos manos en los hombros.

—Pero me gustas. Soy capaz de hacer cualquier locura por ti.

El rostro de Mabel se serenó.

—¿Me amas, Rafel?

—No lo sé.

Había apartado las manos del cuerpo de ella. La miraba fijamente.

La Mabel parecía decepcionada.

—¿Tú amar a otra chica?

—¡No! ¡No!

—Si no amar a otra chica, ¿por qué no amar a mí?

Volvió a rodearle el torso con sus brazos. Le puso la cabeza encima del pecho. Le susurró, proyectando el aliento rozando la piel:

—Mi hermoso pescador, fuerte y valiente pescador español, Rafel.

Le besó el cuello, después la mejilla. Le pasaba las manos suavemente por la nuca.

—Bonito pelo ondulado.

Le rozaba su cabello tibio y oloroso por las mejillas, por los párpados.

Una sombra se proyectó encima de la pareja.

—It's time to have lunch, you see?

—Damn! —dijo la rubia apartándose de Rafel.

Se había levantado de un salto.

—You silly thing.

La morena alzó los hombros.

—Stay here if you like.

—No. I am hungry too.

Se giró hacia el pescador. Reposaba todavía en las rocas con una postura de enfado.

—Sabes Rafel, ahora nosotras ir a «Hotel Coral» por lunch. Tú también ir a comer, ¿no? Después encontrar con nosotras en el «Cafè del Coix». Nosotras esperar a ti por café. ¿Bueno?

—*Bueno* —aceptó él.

Las muchachas se fueron del roquedal. Él las seguía con la mirada. Se levantó con lentitud y tristeza. Aspiró profundamente, una bocanada de aire marino. Se frotó los ojos deslumbrado. Buscó los calzones y la camisa que había escondido en las rocas. Se las puso encima del traje de baño. ¡Lástima! A Mabel aquella pieza no le gustaba. Prefería contemplarle el torso desnudo. (Se sentía exaltado al recordar las caricias de la rubia). Si pudiera devolverlo a la tienda donde lo había adquirido a crédito... Pero después de haberlo mojado con agua salada los tenderos no lo querrían.

En cuatro zancadas estuvo en casa.

—Tu padre todavía descansa –explicó la Caterina–. Hay pescado y ensalada. ¿Quieres?

—Sí.

Cortó una buena rebanada de pan. Restregó dos tomates. Lo sazonó con aceite y sal. Salió a comérselo en el patio.

La Caterina le había puesto encima de una silla mediana un plato con pescado frito frío y, en el suelo, un porrón lleno de vino mezclado con agua.

Rafel iba mordisqueando, engullendo y tragando como una máquina.

No acababa de creer que la rubia pudiera ser suya esa misma noche o mañana. Por otra parte tampoco no podía creer que, después de lo que había empezado en las rocas, ella se le negara.

La Caterina salió al patio.

—¿Que no vas a echarte un rato, chico?

—Ya he descansado en la barca–mintió Rafel–. Reposaré un rato en el balancín.

—Tu padre dice que tendréis que ir al huerto.

—Al huerto... Al huerto... ¡Que se fastidie el huerto, hoy!

Todavía llevaba puestos los calzones y la camisa azul empapadas de sudor y de salobre y con hedor a pescado. No podía entrar a su dormitorio para cambiarse. Su padre dormía en él y, al verle, le recordaría que tenía que ir a ayudarlo.

Ahora, pero, y por encima de todo, sentía una pereza infinita. Se acostó en el balancín. Se durmió. Soñó que iba en auto con la Mabel. Ella lo manejaba. Rodaban deprisa y los árboles y los campos se esfumaban de su entorno en un vértigo embriagador.

De repente, se pusieron a navegar y, acto seguido, a volar. El auto, la canoa o el avión (Dios sabe lo que era) subía y bajaba por el elemento incierto (¿tierra, agua, aire?). La rubia le pasaba el brazo por el cuello. Acercaba el rostro al suyo. Buscaba besarle. Él se daba cuenta del peligro: vuelco o naufragio. «¡Atención! ¡Atención!», gritaba.

El extraño vehículo se torció, perdió el equilibrio. Los dos, bien abrazados, se sumergían, al fondo... al fondo...

Se despertó empapado de sudor. El corazón le iba como una campana.

De un salto se plantó al comedorcillo. Miró el viejo reloj de péndulo. Marcaba las tres y media. «Ellas» le esperaban en el «Cafè del Coix». Se pecipitó después de lavarse la cara y los pelos y ordenarse el cuello de la camisa y los calzones azules del trabajo.

V

El Biel de los Llànties y el Rafel Sureda tenían una cita con las dos inglesas entre las siete y las siete y media de la tarde. A esa hora Biel salía del trabajo y, de acuerdo con Rafel, se proponían distraerse, un par de horillas con aquellas muchachas tan decididas y libres.

Por los alrededores de San Jaime los días son largos. Les sobraba tiempo para barquear en el bote de Met antes de hacerse de noche. En el paseo Biel emprendería la conquista de la Rebeca. (No creían que sería muy difícil).

Rafel había dicho a su padre que dos extranjeras buscaban alquilar una embarcación para ir a Les Cambres[111]. Él se había ofrecido para llevarlas con el «Caterineta».

Met estaba de acuerdo a condición que pagaran.

Aun maldiciendo el viejo por dentro, los dos compañeros convinieron. Irían a medias. El entretenimiento lo valía.

Mabel y Rebeca habían aceptado la invitación con entusiasmo. Al Biel no le conocían. Pero Rafel les había hablado sobre él con palabras de elogio.

—¿También pescador? –querían saber ellas.

—Ahora no. Lo fue cuando era un *vailet*. Su padre es compañero de barca del mío.

Rebeca preguntó:

—¿Qué querer decir «vailet»?

—Niño –explicó Rafel.

—Así Biel, pescador cuando niño. ¿Ahora no?

—Ahora hace de chofer.

—Oh, lástima –suspiró Rebeca.

Estaban sólo por los pescadores, era un hecho. Se ve que ya venían

---

111 Les Cambres es un lugar idílico situado en la costa de Montgrí en La Costa Brava. Es conocido por la excepcionalidad de las cuevas, las grutas submarinas y la biodiversidad. Sólo se puede acceder a Les Cambres a través del mar.

con esta idea fija: «El hermoso y valiente pescador, bien machote» debía formar parte del programa de vacaciones en España. Rafel empezaba a comprenderlo. Pero no le dijo nada a Biel.

Se embarcaron a la Cala Xica y durante el tiempo empleado en la travesía, a penas hablaban o se movían.

Rafel había presentado el Biel a las muchachas y ellas, le estrecharon la mano sin mucho entusiasmo.

Biel, un poco ofendido, agarró los remos. Quería demostrar a las inglesas que era un hombre hábil y fuerte, capaz de hacer avanzar un bote bien y deprisa.

Rafel aguantaba la cuerda del timón sin apartar los ojos de la rubia. Para él la Rebeca no existía. Suponía que Biel y ella cambiaban miradas y sonrisas como hacían él y la Mabel. O, quizás, no suponía nada en absoluto.

Mientras Biel se molía los brazos a fuerza de remar deprisa con la esperanza de hacerse notar, Rafel estiraba y amoldaba el cable de una manera automática.

De vez en cuando, Mabel exclamaba:

—¡Qué hermoso tarde!

El mar empalidecía por momentos. Se cubría de pinceladas rosas y malva. El cielo, ya no era de un azul intenso, aturdidor, como en pleno día. Un tibio oreo venía de la sierra de Roses.

Rebeca suspiraba:

—What fine weather!

No se veía ninguna embarcación cerca. Lejos, muy lejos, rumbo hacia Roses, un velero aislado se destacaba encima de los acantilados del Cap Norfeu.

Gracias a los músculos y a la voluntad de Biel, el «Caterineta» entraba ya bajo la bóveda natural de la Foradada[112]. El eco del ritmo de los golpes de remo, ocurrido de repente mesurado, resonaba amplificado en las paredes rocosas.

La claridad rojiza del sol poniente se escurría por la entrada del túnel, teñía el agua inmóvil con reflejos de oro y de púrpura.

—Oh, wonderful! –exclamaba Mabel con la mirada brillante, fija en Rafel, de manera que uno no sabía si el deslumbramiento le venía del espectáculo del agua o de la hermosura del pescador.

—Quite beautiful –convenía Rebeca.

---

112   La Foradada, es una de las cuevas en la costa de Montgrí.

Obedeciendo los planes de conquista establecidos previamente entre Biel y él, Rafel Sureda dijo:

—Ahora desembarcaremos.

Biel acercó el bote a las rocas.

De un salto, Rafel franqueó el espacio que les separaba. Alargó los brazos a Mabel. Ella se lanzó. Pero al verse encima de aquel estrecho pasillo, entre el agua oscura y la pared goteando, sufrió una especie de vértigo. Cerró los párpados, se agarró a los hombros de Rafel. Él le volteó el cuerpo con un brazo.

—No tengas miedo.

—Tú no dejar mi, Rafel.

Las palabras resonaban como un trueno en las profundidades de la cueva. Mabel se calló, perturbada.

Caminaron enlazados por el resbaladizo pasaje. Se detenían y escuchaban.

Las gotas desprendidas de la bóveda caían a un ritmo lento sobre el agua adormecida. Se destacaban como las notas de un arpa.

No se distinguían más que sombras fantasmales, cada vez más densas. Golpes de aire frío y húmedo venían del fondo de la cavidad.

Mabel abrazó a Rafel.

Él la besó el cuello y la mejilla.

Mabel sonrió nerviosamente.

Rafel la volvió a besar: en la oreja, en los cabellos, en los labios... La sentía estremecerse en sus brazos. La voz de la muchacha temblaba al decir:

—Volvemos de día. ¿No, Rafel?

—Volveremos una mañana, tú y yo solos. ¿Lo querrás, Mabel?

—Sí, sí, pero ahora volvemos a la barca.

Rebeca y Biel no se habían movido. Al ver a Mabel y a Rafel adentrarse a la cueva, ella había anunciado fríamente:

—Mi, no desembarcar.

Biel quería animarla a hacerlo.

—Más adentro, se ven estalactitas y estalagmitas. ¡Es precioso!

—¿Traer tú farol?

—No.

Ella alzó los hombros.

—Estalactitas y estalagmitas no verse. Allí al fondo todo negro.

Biel no quería renunciar tan pronto a la conquista de la morena.

No porque la muchacha le gustara, (la encontraba demasiado flaca de nalgas, demasiado lisa de pecho, inexpresiva de rostro, fría, engreída), sino para no ser menos que Rafel que se había escabullido cueva hacia dentro en compañía de la rubia. En estos momentos ya la debía estar magreando.

Pero, Mabel y Rafel volvieron seguidamente y las muchachas inglesas declararon, en un perfecto acuerdo, que les apetecía más el amplio mar que las Cambres.

Emprendieron el retorno a La Cala.

Rafel volvía a encargarse del timón, y Mabel, muy graciosa, se había colocado bien cerca.

Biel remaba con furia. Parecía talmente impaciente por volver a tierra.

De repente, interpeló a Rafel.

—Deberías coger los remos, tú. Yo ya empiezo a estar harto.

—Pensaba que te gustaba –dijo el otro cambiando de lugar y agarrándolos.

Biel fue a sentarse cerca de Mabel. Lo hizo groseramente, imprimió un fuerte movimiento de oscilación en el bote.

La rubia se había agarrado a la borda con las dos manos.

—¿Tienes miedo de naufragar? –dijo él, burlón.

Añadió:

—Aunque naufraguemos no os dejaremos ahogar. Somos buenos nadadores, yo y Rafel.

—Rebeca y mi, también buenas nadadoras, pero mejor no naufragar, ¿eh?

Llegados a La Cala se separaron. Ellos las habían acompañado hasta el «Hotel Coral». Rafel y Mabel se dieron cita para el día siguiente.

Biel estaba furioso.

—¡Que presuntuosa, la tal Rebeca!

Rafel se rió.

—¿No te gusta nada, nada?

—¿Gustarme, dices? Si no hubiera en el mundo ninguna mujer más que ella, me haría fraile o me volvería mariquita sin pensármelo.

—¡Córcholis, chico, mariquita y todo! Yo que pensaba...

—No me vuelvas a hablar nunca más de estas mozas. Boba por boba, me quedo con la Roseta. Ella está por mí y no me cuesta dinero.

Los dos amigos se separaron medio enfadados.

VI

Toda La Cala lo chismorreaba. El Rafaelillo Sureda se entendía con una inglesa. La Ció lo comentaba con la Gloria y con la María, por lo bajito.

—A todas horas se les ve juntos.

—Qué me has de decir, tontaina, yo misma les he pillado más de una vez morreándose en cualquier lugar y en pleno día.

—El Rafaelillo, a escondidas de su padre, se la lleva en el bote a las Cambres. Un mejillonero que fue a buscar mejillones los pilló. Dice que estaban estirados en el suelo, en el fondo de la Cova Gran, el uno encima del otro. Dice que ella gemía como una parturienta.

La Gloria, desde que había ganado dinero con los alquileres de los apartamentos, se volvió moralista. Frunció la nariz y arqueó las cejas.

—Debe ser una de esas, esta moza, y él, ya le conocemos, un presumido y un malagana.

La Ció comentó:

—Y los pobres padres desesperados, porque el chico no pega ni golpe desde que va con esta cerda.

—Oh, nunca ha sido muy trabajador, el Rafaelillo —opinó la María.

—Y ahora menos.

—Que la Caterina no nos escuche —recomendó la Gloria bajando todavía más la voz—. Suficiente pena tiene.

—Dicen que el Savins le ha despedido de la barca.

—Pues claro, boba. A la hora de salir al mar no se presentaba. Y cuando salía, trabajaba con asco y pereza.

—Tampoco va a calar la red ni a los mejillones con el Met.

—El padre y el hijo hace tiempo que no se hablan.

—La Caterina, pobrecita, no hace más que llorar.

—Dicen que «ella» se lo paga todo —insinuó la María.

—¿Quién, «ella» y a quién? —preguntó la Gloria con su tono de superioridad.

—Quién quieres que sea, la ramera de la inglesa al Rafaelillo. Dicen que tiene mucho dinero esa moza.

La Ció suspiró.

—Quizás el Rafaelillo habrá tenido suerte.

—¿Suerte, dices? –volvió a moralizar la Gloria–, una vergüenza, en todo caso.

La María quería saber algo.

—El que vive de una mujer es un... es un... ¿cómo se dice, tú, Gloria de este tipo de hombres?

—Un chulo –afirmó la Gloria sabionda.

—¿Y qué quiere decir, chulo? –preguntó laCió toda intrigada.

—Eso, boba, que vive de una mujer.

La María murmuró:

—¿Habéis visto? La Caterina ya no se atreve a salir a la puerta de la calle.

—¿Y el Met? Pasa como un poseído, la cabeza puesta entre los hombros, mirando de reojo.

—Ellos no tienen ninguna culpa, si el chico es un granuja –interpuso la Gloria.

—Ya lo pienso –aceptó la Ció–, pero tener un hijo de este tipo es una vergüenza, ¡córcholis!

La María soñadora, comentó:

—Dicen que cada día van de restaurante.

—¡Oh, claro! Él no va nunca a comer a casa. Y cada noche en «El Oasis» o en «La Peixera».

Cambió la voz para preguntar:

—¿Has estado nunca tú , Gloria, en «La Peixera»?

La Gloria toda quisquillosa, exclamó:

—Lo evitaré a toda costa.

—¿Y en «El Oasis», has estado?

—Tampoco.

—En «El Oasis» dicen que van parejas de casados y todo. Se baila con orquesta y a veces, hay cantantes y bailadores famosos que hacen números.

—En «El Oasis» no digo que no –aceptó la Gloria–. Pero en «La Peixera» sólo va gente desvergonzada. Ocurren cosas fuertes.

—¿Quién te lo ha dicho?

—Me lo dijo la Gracieta de los Peroler que fue con una gente de Barcelona.

—Es una buscona, la Gracieta –comentó la María.

—Sí, sí –dijo la Ció–, bien que se lo pasó ella en «La Peixera». Me han dicho que cuando termina la orquesta, hacia las tres de la madrugada, se quedan algunas parejas. Hacen ir el tocadiscos. Apagan todas las luces...

La María interrumpió:

—Dicen que no hay luces. Sólo las peceras luminosas. Bailan casi a oscuras.

—Sí que hay, luces, me han dicho –afirmó la Ció–. Dicen que hacen una claridad verdosa como si fuera una pecera de verdad.

—Y ellos los peces, ¿no? –se rió la Gloria.

La María seguía su idea.

—Dicen que las parejas bailan desnudas. Se tiran a la piscina y hacen, dentro del agua, quién sabe las cosas.

—¿Qué cosas? –preguntó la Ció más y más interesada por la conversación.

—Ya te lo puedes imaginar –cortó la Gloria–, deben rezar el rosario, boba.

—¿Y la Gracieta de los Peroler lo vio, todo eso?

—Así lo cuenta.

—¡Reina! Quién lo iba a decir, aquella «mírame y no me toques».

—Y cada día a misa de las ocho –dijo la Ció que era la tradición anticlerical.

Por el solo hecho de ir a la misa de las ocho, la Gloria se creía obligada a defenderla.

—Quién sabe si fue por compromiso, a «La Peixera», para acompañar a aquella gente de Barcelona.

—Pero bien que se fijó –remarcó la Ció.

La María no se podía quitar de la cabeza el drama de los Sureda.

—Y el Met, ¿qué dice en todo esto del chico, él, tan malhumorado?

La Gloria alzó los hombros.

—¿Qué quieres que diga? El chico ya es un hombre. Hace lo que quiere.

—Pero si se lleva el bote...

—Lo debe hacer a escondidas.

—O quizás dice al Met que la inglesa paga.

—Y cuando el Met reclama el dinero, ¿él qué dice? –preguntó la María.

—Nada dice, tonta –dijo la Gloria con superioridad–. ¿No sabéis que el padre y el hijo ya no se hablan?

La Ció insinuó:

—Quién sabe si la inglesa da el dinero al Rafaelillo y éste a su padre. ¡Dicen que recibe tanto dinero de Inglaterra esa moza!

La María, soñadora, comentó:

—¿Quizás aún se casará con el Rafaelillo?

La postura de la Gloria se volvía más desdeñoso.

—¿Casarse? Si por casualidad lo hace algún día (si alguien la quiere después de tan magreada) no será con un pescadorcillo gandul y presumido.

—¿Quién sabe? Si ella está, por él...

En aquel momento pasaba Met. Iba con la cabeza gacha y mirando al suelo. Dijo a media voz, sin alzar el rostro:

—Buen día.

Las vecinas se apresuraron a responder.

—Buen día Met.

—Buen día.

—Buen día.

Se quedaron mudas un buen rato.

El pescador se metió hacia dentro.

—¿Qué te juegas que estas chafarderas estaban hablando del chico?[113] –dijo a la Caterina–. Cuando me han visto pasar, se han callado.

—Déjalas decir –dijo ella.

—Cuando pienso, en lo del chico, me viene una llamarada... ¡Qué vergüenza! Si lo tuviera cerca, creo que lo estrangularía.

—No hay para tanto. El chico es joven.

—Y perezoso y mentiroso y cobarde.

—Calla, hombre, calla, ¡ya basta!

---

113   Se llaman «chafarderas» a las personas que gustan del chismorreo y de hablar intimidades del pójimo. «Chafarderas» viene de la expresión catalana «fer xafardeig», o hacer el labado, y se utiliza desde que antiguamente, cuando todavía no existían las lavadoras, el labadero era el lugar de reunión de las mujeres para hacer la colada y contar chismes sobre aquellas personas que no estaban presente.

VII

Mabel había dejado el «Hotel Coral» a finales de agosto. Para esa época ya había muchos apartamentos vacíos, en La Cala. No le costó mucho encontrar uno. Lo alquiló y se instaló con Rafel.

Con todo esto, Rafel ya se había peleado con su padre y con el Savins, el patrón de la «Gracieta». No iba a la traína, ni a los mejillones ni a pescar calamares con su padre.

Mabel no quería que trabajara. Y Rafel no mostraba tampoco mucha prisa por encontrar trabajo.

Ella le decía, a menudo:

—No preocuparte por trabajo. Mi recibir dinero de London, bastante para dos. Si tú no trabajar, ser más de mi. Estar juntos día y noche.

Parecía insaciable de amor y de caricias. No podía separarse ni un momento de su pescador.

Rafel vivía como embriagado. Aquella existencia sensual y cómoda era nueva para él. La saboreaba con deleite.

Mabel iba a comprar a las tiendas: verdura, fruta, conservas, pan y vino. Rafel compraba el pescado directamente a las mujeres de los pescadores. Él pagaba con el dinero de Mabel.

—Tú cuidarte del peix[114] –había decidido ella ya desde el principio de la vida en común de ellos dos–. Mi nunca poder tocar a los pobres animalitos.

Rafel, como todos los pescadores, conocía la manera de prepararlo.

Cuando llegaba a casa con un montón de pescado que todavía se movía, Mabel se apartaba con horror.

—Tú, hombre malvado, criminal sin corazón. Abrir vientre a desgraciados peces aún vivos.

Sobre todo los calamares, con aquellos ojos tan amplios, redondos y abiertos, fijos y brillantes, desvelaban la compasión de Mabel. Huía de la cocina gritando:

---

114   Peix significa pescado en español. Mabel empieza a utilizar el catalán.

—Mi no poder ver esos ojos tan abiertos, llenos de terror. Creo que
te odia, Rafel.

Pero a la hora de comer, al oler el sofrito o el relleno, exclamaba:

—Tú, Rafel, hacer bueno, muy bueno comida. Mi disfrutar como
un lladre con tus guisos[115]. Tú mejor cocinero que el chef del «Hotel
Coral».

Al escuchar hablar de hoteles y de comidas, Rafel recordaba el día
que su padre le echó de casa:

—Aquí no hay lugar para un gandul. Que te mantenga tu querida.

Mabel le preguntó un día:

—¿Tú reñir muy fuerte con tu padre, el pescador?

—Reñidos para siempre.

—¿Y con madre tuya?

——¡Pobre madre! Con ella hablo cuando la encuentro por la
calle. A casa no he vuelto a poner los pies. No tengo casa.

—Tienes ésta.

—¿Hasta cuando?

—Hasta que yo marchar a London.

—¿Pero, cuándo te irás? –preguntó Rafel angustiado.

Ella alzó los hombros.

—¿Me dejarás? –insistió él–. —¿Tendrás el coraje de hacerlo,
Mabel?

Ella sonreía divertida.

—No. Aun no te deixaré[116]. Aun quedar aquí mucho tiempo con
mi hermoso pescador.

—¿Qué es para ti, mucho tiempo? –quería saber Rafel, más y más
alarmado.

—No sé. Hasta que la sol no caliente.

Él tomaba una postura reticente, amarga.

—¿Cuándo empieces a tener frío se te acabará el amor? ¿Te
vendrá justito, justito el amor y el buen tiempo?

Ella le miraba intrigada.

—Mi no comprender ti, Rafel.

—Sí, sí, tú me comprendes muy bien. Yo soy un pasatiempos de
verano igual que el baño a las rocas, el paseo en bote a las Cambres,

---

115   Lladre significa ladrón en español. Mabel adapta al español la expresión catalana «dis-
       frutar com un lladre» que significa disfrutar mucho con algo. En este caso, comiendo
       la sabrosa comida que le prepara Rafel.
116   En español significa «dejaré».

el vino helado del Coix, la orquesta de «El Oasis». Al primer soplo de tramontana todo esto se desvanecerá. Me dejarás hasta el verano que viene, suponiendo que vuelvas.

—Mi no comprender ti, Rafel –repetía ella, seria.

Estas conversaciones solían acabar en una abrazada. Era ella, Mabel, quien había encontrado esta solución. Sus caricias tapaban la boca de Rafel. Le hacían olvidar la amenaza del otoño.

Así llegaron al final de setiembre.

Se había levantado el gregal[117]; no se estaba bien en ningún sitio: ni en el mar, ni en la playa, ni en las rocas. Rafel y Mabel se habían refugiado en el Cafè de La Punta, al fondo de todo.

Los pocos clientes que tomaban cerveza o carajillos[118], permanecían silenciosos, adormecidos. Fumaban cigarrillos o masticaban caliqueños[119]. Aquí y allí, se escuchaba toser. Era una tos bronquial de fumador que anunciaba la proximidad del otoño y el invierno. Desde dentro se escuchaba el ruido del viento: sacudía y fueteaba[120] el toldillo de la entrada, hacía temblar y tintinear los cristales de los ventanales.

Mabel fumaba tabaco rubio, un cigarro tras otro, sin parar. Bebía coñac y hacía beber también a Rafel.

—Alcohol animar a ti.

Rafel tenía una postura huraña. No decía ni media palabra.

Mabel empezó a bostezar. Después dejó ir, con voz ilusa:

—Mi gustar ser ya en London.

Rafel se despertó de golpe.

—A Londres, ¿ y yo?

Ella le examinaba con curiosidad. «Su» Rafel, su «hermoso y valiente pescador», parecía creer que aquella aventura de verano se prolongaría más allá del otoño, época que suele poner un punto final a todos los deliciosos sinsentidos del verano. Rebeca, la prudente y discreta compañera de veraneo mediterráneo, había vuelto a Inglaterra unas semanas antes, amargada por un sentimiento de fracaso. Ella no había encontrado ningún «hermoso y valiente pescador» dispuesto a entusiasmarse con ella, como Rafel se había entusiasmado con Mabel.

---

117 Gregal es el viento del Norte Este. Suele ser frío y seco.
118 l carajillo es una bebida que consiste en café y un poco de licor. Se sirve en un vaso de cristal pequeño.
119 Caliqueño:
120 Fuetear significa azotar algo o a alguien con un fuete (un látigo corto) u otro objeto semejante.

Lo confesó a su amiga antes de irse: Rafel era, no solamente uno de los hombres más hermosos y apasionados que podían ilustrar unas vacaciones veraniegas y dejar un recuerdo sabroso para toda la vida, sino que era un caso insospechado de pureza.

—Your fisherman is as pure as an angel.

Sí, había utilizado la palabra pure. Mabel lo recordaba perfectamente, aunque no acababa de comprenderlo. En aquel momento le pesaba no haberle pedido una aclaración. ¿Qué quería decir, exactamente, para Rebeca, as pure as an angel?

Mabel continuaba examinando a Rafel con curiosidad, a través del humo de su cigarrillo. Desde que ella había mencionado Londres, se le veía inquieto, desasosegado.

—En mi casa, sabes, muchos alfombras, buenas sillones y mucho, mucho calefacción –declaró a guisa de explicación.

—¿Aprecias más los sillones y las alfombras que mi compañía?

—Gustaria, a mi más, estar allí con ti –dijo sonriente.

Dejó ir todo el humo por la nariz.

—Pero tú, ¿qué hacer en London? –añadió dejando de sonreír y aplastando el cigarrillo en el cenicero.

Él se inclinaba hacia ella.

—Amarte. Estar contigo.

Mabel movía la cabeza, poco convencida.

—¿Y nada más?

—Trabajar, claro.

—¿Trabajar? ¿En qué?

—En cualquier cosa. Quién sabe si no me cogerían de cocinero...

(Quizás esperaba que ella le ofrecería de continuar manteniéndole).

—No fácil allí. Autoridades británicas no dar a ti permiso por trabajo.

A Rafel la angustia le ahogaba la palabra. Le hacía la voz baja y ronca.

—¿Y por qué no, Mabel, si tú me buscas trabajo, si respondes por mí?

—¿Responder?

Impaciente y desesperado, Rafel la agarró por los brazos.

—¿Me quieres o no me quieres, Mabel?

Mabel se separó pausadamente.

—¿Por qué preguntar eso?

—Porque si me amas querrás que venga contigo a Londres.

—Bueno, ¿y de qué servir querer? Tú sin dinero, mi igual. Viaje caro y vida también caro en London.

—¡Maldito dinero! Si yo no fuera un pobre pescador...

Mabel sonreía un poco desdeñosa.

—Ya ni pescador, Rafel.

—Es verdad– aceptaba él abatido–. No soy nada.

Ella le acarició los cabellos.

—No te preocupes.

—Es que te quiero, Mabel. Te quiero de verdad.

—Tú Rafel, muy amoroso de mi ahora. Pero un día me dices que tú no saber si amar mi.

—Entonces no lo sabía. Ahora sí. Estoy loco por ti, y para siempre. Te amo hasta la muerte.

Le cogía una mano y la besaba.

Desde una mesa vecina unos hombres los miraban y reían.

Rafel abandonó la mano de Mabel. Repitió en voz muy baja:

—Hasta la muerte.

—Hasta la muerte es muy romántico, Rafel. ¿Tú aprender éso en el cine?

Permanecía meditativa.

—Pescadores de Tossa, no románticos.

Él arrugaba el entrecejo, celoso.

—Les conoces muy bien a los pescadores de Tossa, tú.

Ella confesó con un tono natural:

—Oh, sí. Pescadores de Tossa también bastante hermosos y apasionados, pero románticos, no.

Encendía otro cigarrillo. Pedía más coñac. Rafel rechazó la bebida.

—Yo, no.

Ella se tragó el coñac de un trago. Continuaba fumando.

—Decir mi ahora una cosa, Rafel. ¿Seguro buena tiempo volver?

—Sí, sí, verás como el gregal cesará y el cielo se aserenará y el sol volverá a quemar.

—¿Y nosotros bañar desnudos en las Cambres? ¿Y nosotros amar en la Cova Gran, con música de gotas cayendo?

—¡Sí! Sí!

Le rodeaba los hombros con el brazo. Ella le apoyaba la cabeza en la sien.

——¡Mi Mabel!

Inesperadamente, se apartó de él, se levantó de la silla. Dejó unas monedas encima de la mesa.

—Ahora marchar a casa. Hombres groseros mirar y burlarse.

—Es de despecho –explicó Rafel–. Me envidian, *¿sabes?*

Cruzaron el establecimiento hacia la salida. Algunos clientes les miraban y se reían. Pero la mayoría no hacían caso.

VIII

A mediados de octubre, Mabel comenzó a demostrar aburrimiento y nostalgia. Los días se hacían más cortos. Eran frecuentes el viento de mistral y de levante. La pareja no podía ir a la playa ni salir en barco, ni bañarse en las rocas y, todavía menos, a las Cambres, donde sólo se podía entrar con mar calmado.

Rafel no había encontrado trabajo. (Quizás no se esforzaba demasiado en encontrarlo). Se pasaba todo el día en el apartamento. Escuchaba la B. B. C. en el transistor de Mabel. No comprendía ni jota de lo que decían. Mabel se lo explicaba y, a la vez le daba alguna lección de inglés. Había aprendido a decir: I love you. The fish is ready y, Come in, darling.

Escuchando la B. B. C. Mabel reía con frecuencia porque el programa era, a veces, divertido. Después bostezaba y suspiraba porque el programa se volvía aburrido y estúpido.

De vez en cuando, ponían música clásica. Mabel parecía deleitarse. Rafel la encontraba poco animada. Prefería más la de jazz, sobre todo si Mabel le invitaba a bailar. Pero pronto se cansaban de este entretenimiento.

En el apartamento empezaba a hacer frío. Rafel y Mabel se cubrían con la colcha y con las toallas del baño. Ponían a calentar vino negro. Mezclaban canela y azúcar. Se lo bebían bien caliente. Se embriagaban a menudo. Entonces, por un rato, lo veían todo de color de rosa.

Pasaban muchas horas en la cama. Cuando el hambre les hacía levantar, salían a comprar a las tiendas. Rafel se negaba a entrar con Mabel.

—Son parientes de mi madre. Dios sabe qué papel nos harían.

—Nonsenses –decía ella enojada.

Escogían otro establecimiento. Rafel tampoco quería entrar.

—El amo es amigo íntimo de mi padre. Sería capaz de no querer despacharnos. Entra tú, yo te esperaré en la calle.

Mabel alzaba los hombros y le dejaba afuera. A ella, los tenderos la recibían siempre con gran amabilidad y gentileza. Incluso trataban de decir alguna palabra en inglés. Y cuando salía con los paquetes o con la red llena, después de haber dejado en el mostrador dos o tres billetes de cien, ellos la acompañaban a la puerta con una amplia sonrisa y un: Thank you very much, Madam.

Mabel se burlaba de Rafel.

—Tú volver ahora cobarde. No atrever a comprar en tiendas.

—No sabes lo que es, la gente del pueblo.

—Bueno, con mi, la gent del poble, muy corteses.

—Contigo, sí. Es a mí, que me giran la cara.

Añadía, amargo:

—Pero no te hagas ilusiones, darling, no es contigo que son amables, es con tu dinero.

—Si yo dar calés[121] a ti, ¿tú ir a comprar a tiendas?

—No, todo el mundo sabe que son tuyos, que yo no tengo ni un duro.

—¿Tú ir a comparar peix, ¿no?

—Con las esposas de los pescadores ya es otra cosa. Ellas se hacen cargo de mi situación. Me venden el pescado a escondidas del marido.

Volvían pronto a casa. Cocinaban o preparaban té con tostadas, mantequilla y mermelada de naranja amarga. A Rafel no le gustaba ni el té ni la mermelada. Se comía el pan con azúcar, aceite y ajo. En vez de té, bebía una tirada de vino negro.

De vez en cuando, ella también quería una tostada con un diente de ajo restregado por encima bien aliñada con aceite.

Mabel permanecía desanimada y distraída, con los ojos fijos en el vacío y el pensamiento lejos. Estaba harta de aquella vida. Rafel lo comprendía sin necesidad de explicaciones. No sabía qué hacer para distraerla, para retenerla a su lado. Lo único que todavía animaba a Mabel eran los abrazos amorosos, el entendimiento carnal, cada vez más brutal, más breve.

Rafel trataba de engañarse a él mismo.

—¿No será que tú y yo no nos separaremos nunca, Mabel?

Ella le miraba con sorpresa, con curiosidad, con enojo.

—Ahora mi, pronto marchar en London. Obedecer padres mios. Luego volver.

Rafel no le había escuchado nunca hablar de sus padres hasta aquel

---

121   Calés: dinero en catalán informal.

momento. Suponía que eran unos padres muy especiales o que no existían más que en la imaginación de Mabel.

—¿Cuándo volverás?

—Mi, volver verano próximo. Alquilar casita y vivir con mi hermoso pescador, el uno junto al otro muy amorosos y felices.

—¿Hasta el verano que viene, dices? Yo no puedo vivir sin ti, Mabel.

—Sí, sí, tu poder vivir sin mi hasta verano próximo.

—Yo me moriré si me dejas.

Ella alzaba los hombros.

—Españoles siempre hablar de morir. Tu morir de goig cuando mi ser tuya[122]. Tu morir de pena cuando yo marchar. Nadie morir por separar de otro.

A Rafel la idea de quedarse en La Cala peleado con Met y sin la Mabel, le enloquecía. Se sentía como en el borde de un precipicio.

—Mabel, yo iré contigo a Inglaterra. Abandonaré para siempre este pueblo miserable. Hace tiempo que lo tengo metido en el cerebro.

Se arrodillaba a sus pies, le apoyaba la cabeza en la falda.

—Trabajaré. Haré de cocinero o de chofer. El Biel me enseñará. Dice que seré un buen conductor.

—Bueno –dijo ella resignada–, tú venir en England cuando ser muy buen chofer.

—Ahora mismo, contigo cuando tú estés harta de La Cala.

—Mi no estar nunca tipa de La Cala. Estar tipa del mal tiempo y del apartamento inconfortable. Ventanas no cerrar, viento frío entrar por ellas. Suelo ladrillos imposible por invierno.

—Entonces, ¿no quieres que venga contigo a Londres?

—Ahora, no.

Rafel descubría una nueva Mabel. La enamorada, apasionada y dócil, ligera en el juego y en el amor, se había convertido en una potencia inflexible y rígida. Una especie de Imperio Británico en pequeño, contra el cual, él, Rafel Sureda, ex-pescador sin dinero, ni trabajo, no podía luchar.

Se sentía definitivamente vencido.

---

122   La palabra «goig» significa alegría, júbilo, gozo, disfrute.

IX

Mabel ya estaba de camino a Londres.

Un momento antes de separarse de Rafel le había dado un par de billetes de cien pesetas.

—A mi ya no servir. Pagado todo hasta London.

Rafel se los arrebató de la mano, los tiró al suelo, los pisoteó.

—¿Me quieres pagar con dos cientas pesetas todas las horas de goce que te he dado?

Ella alzó las espaldas. No recogió los billetes, y los billetes se quedaron en el suelo.

—Bueno, adiós, Rafel.

Habían acordado que él no la acompañaría al autobús. Querían ahorrarse la escena de despedida, las miradas y los comentarios inevitables de los viajeros y de los empleados de la S.A.R.F.A. Habían pasado la noche en vela, haciéndose caricias, intercambiando reproches. No se durmieron hasta la madrugada y, en el momento de separarse, se sentían exhaustos, incapaces de ningún tipo de reacción.

Ella repitió:

—Adiós, Rafel.

Rafel no contestó. Escuchó cómo Mabel cerraba la puerta del apartamento, como sus pasos se alejaban calle abajo, se confundían con otros ruidos, se perdían definitivamente. Entonces dejó ir un grito de bestia herida. Se tiró encima del diván y estalló en llanto. Sollozaba y gemía repitiendo el nombre de Mabel. Pero, de repente se levantó de un salto. Agarró furiosamente los cojines, los lanzó al suelo, uno a uno.

—¡Maldita cerda!

Un rato después exhalaba un profundo suspiro, se secaba las lágrimas y los mocos. Observaba con una ley de extrañeza, como si no recordara quién lo había hecho, el desorden de cojines que le rodeaba.

Comenzó a recogerlos del suelo. Los sacudía, los ahuecaba, los colocaba en su sitio.

Cuando todos estaban en su lugar, apoyó su cabeza y sus brazos. Aspiraba con agudeza el perfume que ella había impregnado. Repetía:

—¡Mabel! Mabel!

Se había quedado dormido.

Cuando se despertó y recordó que Mabel estaba definitivamente fuera, estuvo a punto de repetir la escena de los cojines. Pero no se veía capaz de emprender ningún tipo de acción violenta. Sentía un vacío en el estómago, un desfallecimiento de todos los miembros.

En la despensa de la cocina había todavía quién sabe la de latas de conservas, patatas, arroz, fruta... Sólo faltaba pan.

Registró los bolsillos en búsqueda de moneda. Contó el puñadito que había desembolsado. Justito, justito, para comprar pan y vino algunos días.

Mabel solía darle cien pesetas cada mañana para ir a comprar pescado y, al devolverle él el cambio, ella le decía:

—Tú guardar ese dinero por beber a mi salud.

La mirada de Rafel se deslizó súbitamente encima de los dos billetes de banca abandonados en el suelo, medio arrugados.

—¡Perra de moza!

Era enojoso salir a la calle, dejarse ver por la gente sin ir acompañado de Mabel. Ya todo el mundo debía saber que ella se había ido. Le mirarían entre compasivos y mofetas. Pero no se veía capaz de tragarse la vianda sin pan. Y, aquí o allá, en un momento u otro lo tendrían que ver. Tomó una actitud desafiadora y se dirigió hacia la panadería más cercana.

—Una barra de medio quilo, bien cocida.

La muchacha que despachaba le dio el pan. Cobró con actitud de indiferencia.

Era forastera, no conocía todavía a la gente de La Cala. Rafel le dedicó una media sonrisa de agradecimiento.

Acto seguido se fue a preparar el almuerzo. Se lo comió con pocas ganas. Después se fue a descansar.

Había llegado a un viraje de su vida. Era el momento de imprimir una dirección nueva. Pero, ¿cuál? Ni aquel día ni los siguientes tomó ninguna determinación. Iba inquieto, ido, comía con pocas ganas y dormía mucho.

No sabía si amaba o si odiaba a Mabel. Sólo sabía que le faltaba su presencia, rabiosamente, desesperadamente.

De vez en cuando, lanzaba los cojines al suelo, los tiraba a patadas. Gritaba:

—¡Cerda re-maldecida!

Después los ponía en su lugar. Lloriqueaba:

—Mabel, mi Mabel...

Sólo salía una vez al día para comprar pan y vino. Vino bebía más de la cuenta. Se embriagaba y, mientras el efecto de la embriaguez persistía, reía y lloraba abrazado a los cojines. Todavía exhalaban el perfume de Mabel y él aspiraba con avidez. Terminaba por dormirse y, a veces soñaba que ella descansaba a su lado y se querían.

Sus pequeños ahorros disminuían. En la despensa quedaban ya pocas provisiones. Era necesario hacer algo. Era necesario... Era necesario... ¿Pero qué?

Los dos papeles de banca que Mabel le había dejado, estaban todavía en el suelo. Rafel ya no gritaba: «cerda re-maldecida» cuando su mirada los encontraba. Ni tampoco se apresuraba a apartarla. La dejaba reposar un rato.

Dos cientas pesetas no resolvían nada, claro. Sólo servirían para retardar aquellas enojosas diligencias que, inexorablemente, hacía falta emprender. (Al pensarlo, el ánimo de Rafel se encogía como un mejillón dentro de la concha).

Por otro lado, ¿no resultaba una locura dejar aquellos papeles allí, esperando que el propietario del apartamento o la mujer de la limpieza los recogieran?

Más noble y más digno sería cogerlos y romperlos o prenderles fuego. Tanto el uno como el otro de estos dos procedimientos destructivos le parecían brillantes. Sólo le pesaba no haberlo pensado mientras Mabel estaba todavía presente. Habrían dado un gran efecto. Lejos de ella y sin ningún testimonio, la destrucción resultaba inútil y absurda.

Rafel podía, claro está, hacerlo saber a Mabel por escrito. Pero ella no lo creería. Nadie lo creería si no lo veía, ni Mabel, ni Met Sureda ni Jaume Savins, ni Biel ni la misma Caternia. (Ella menos todavía que los otros). Probablemente si Rafel le decía: «Sabéis, madre, Mabel, al irse, me dejó dos billetes de cien pesetas. Los he hecho añicos», la Caterina le respondería: «¿Dos cientas pelas perdidas? ¿Te has vuelto loco, chico?»

Dicho y hecho, era mejor aprovecharlos. Rafel no se decidía a recogerlos, era un gesto que le repugnaba. Pero, sin saber cómo ni cuando, se los encontró en el bolsillo.

Cuando se sentaba o se tumbaba, cuando caminaba o se rascaba el bajo vientre, los papeles crujían ligeramente y aquel discreto crujir le procuraba una ley de seguridad de él mismo que antes no tenía.

Dio un vistazo a la despensa, aunque ya sabía que estaba vacía. Le suponía un gran esfuerzo decidirse a entrar a una tienda de las que Mabel era clienta.

Recordaba una nueva a las afueras de La Cala, camino del «camping», allí donde las casas, también nuevas, no forman todavía una calle. La encontró muy bien provista. Los tenderos eran forasteros. Hablaban castellano y no mostraron conocer a Rafel ni de vista.

Se hizo cliente hasta agotar la última peseta.

Continuaba viviendo en el apartamento de Mabel. El alquiler estaba pagado hasta el uno de noviembre. El cartero pasaba cada tarde por delante. Poco sospechaba que, detrás del cristal de las ventanas, unos ojos le espiaban con avidez, después, con angustia, finalmente con rabia.

Cuando el cartero ya se había alejado, Rafel embestía los cojines a patadas: «¡maldita moza!» Otras veces, en vez de maltratarlos los abrazada gimiendo:

—Mabel, mi Mabel...

Cuando de los dos billetes de cien ya no quedaba más que un puñado de pesetas, Rafel Sureda fue a buscar a Biel de los Llànties.

Hacía días que no se había afeitado ni cortado el pelo. Llevaba la cara cubierta de pelo y la cabellera larga hasta la nuca. Tenía facha de contrabandista o de vagabundo trotamundos. A media luz no le habría reconocido ni su propia madre.

De camino se pasaba la mano por las mejillas y el mentón. Mabel ya no estaba allí para fregarle el rostro. ¿A quién podría interesar la finura de su piel?

El chico Llànties terminó de trabajar tarde aquel día. Dejó el auto en el garaje, se lavó las manos y la cara y se fue a festejar un rato. Caminaba distraído y no veía mucho con la poca claridad de las bombillas eléctricas, débiles y llenas de polvo.

Rafel se le puso delante.

—Buenas noches, Biel.

El otro lo examinaba sin conocerle. Finalmente exclamó:

—Ahora sé quién eres. ¡Re-córcholis, qué barba tienes!

Continuaban caminando juntos pueblo adentro.

—Tiempo hacía que no te dejabas ver –dijo Biel.

Para respuesta, Rafel exhaló un gran suspiro.

—Ya sé que se te fue –le dejó ir el chico Llànties.

—Un día u otro tenía que ser.

Al llegar al cruce de dos calles, el Biel tiró por la de la derecha. Rafel le siguió.

—Tengo que ponerme a trabajar enseguida.

—¿Trabajar? –dijo Biel con sorna.

—Si no trabajo no como.

—¿No te ha dejado bien forrado, la fulana?

—No te cachondees.

—Quien se cachondea eres tú, chaval. Habías encontrado el sistema.

—¡Qué sistema ni qué historias! –saltó Rafel, ya enfadado–. Yo, a Mabel, la quería, la quiero. Era... es... Tú no puedes comprenderlo, Biel.

—No, chico, ni ganas. Ya te las regalo, este tipo de mujeres. Te sacan la sangre y la voluntad. Y después, si te he visto no me acuerdo.

Continuaban caminando el uno al lado del otro, medio enojados.

Al cabo de un rato, Biel preguntó:

—¿Y qué piensas hacer, ahora?

—Ya te lo he dicho: trabajar.

—Pronto se dice trabajar. ¿Y en qué?

Habían llegado delante de la puerta de los Pitiu. Biel se detuvo, repitió:

—¿En qué, di?

Rafel también se había parado.

—Tanto me da una cosa como la otra. Mozo de café...

—Ahora, de mozos de café, sobran.

—... paleta, pintor de paredes...

—Se tiene que saber

Rafel repitió en voz baja, decepcionada, indecisa:

—Cualquier cosa.

La calle estaba oscura, Rafel escudriñaba con la mirada el rostro de su compañero.

—Escucha, Biel, aquello que me prometiste de la S.A.R.F.A....

—Es un mal momento. Todavía peor que el setiembre. Ahora no circulan ni la mitad de los autos.

Añadió:

—Si estás bien decidido en hacerte chofer, yo te iré enseñando y para la primavera, quizás...

Rafel le interrumpió, agresivo:

—Y de aquí a la primavera, ¿qué comeré? ¿Dónde dormiré?

—A mí qué me explicas, re-córcholis. Yo no soy tu niñera.

—Pensaba que eras mi amigo.

—Amigo lo soy. Pero ¿Qué quieres que haga? No te puedo resguardar ni proteger como una gallina a su pollito.

La Pitiua, es decir, la esposa del Pitiu, atraída por la conversación de los dos hombres, sacó la nariz por la puerta de la calle.

—¿Qué pasa?

—Nada, no pasa, hablamos.

—No sabía que fueras tú, Biel.

—Pronto entro.

La Pitiua se volvió para dentro con la curiosidad insatisfecha.

Rafel se separó uno o dos pasos de su compañero.

—Ve, ve a festejar, chico.

Biel alzó los hombros.

—Es un festejo muy casero el mío. Pero no lo cambiaría por el tuyo.

Rafel soltó:

—¿Qué sabes tú, del mío?

—¡Re-córcholis!, lo que sabe todo el mundo. Desde que te pusiste con tratos con la Mabel, no has acertado ni una. Para comenzar, te peleas con tus padres y con tu patrón. Después, te dejas mantener por una mujer y, ahora, te quedas sin mujer y sin trabajo.

—¿No te he dicho que busco, trabajo?

—Ahora, justamente ahora que todo está parado, después del verano. Hacía falta espabilarse antes. Pero, claro, aquella cualquiera te sacaba la sangre y la voluntad y ahora de ha plantado.

—La Mabel no es una cualquiera. La Mabel no me ha plantado. Se ha ido a Londres porque sus padres se lo pidieron. Pero volverá y, si no vuelve, iré yo a encontrarla.

Lo decía casi llorando, en una mezcla de enternecimiento y de rabia. Giró la espalda a su amigo. Empezó a caminar maquinalmente.

Biel le gritó.

—¡Escucha!

—¿Qué?

Se había detenido y medio girado.

—Ve a ver al Peret, paleta, al Rosend, carpintero, al garajista nuevo que quiere hacer la competencia a la S.A.R.F.A., al Japet, salador de anchoas... Uno u otro te dará trabajo, quizás.

Desanimado y dolido, Rafel volvía a caminar. Había confiado en Biel, seguro que este le resolvería la situación.

No se veía con ánimo de ir a ver ni al paleta, ni al carpintero, ni al garajista, ni al salador de anchoas. Le recibirían, más o menos, como Biel. Peor todavía, porque ellos no eran sus amigos, no le conocían más que de vista.

Con las manos en los bolsillos de los calzones, continuaba caminando maquinalmente. Hacía frío, pero no soplaba nada de aire. Se encontró cerca de la playa sin saber cómo había llegado. Se detuvo, como asustado, al resguardo de una esquina.

Iban a varar las barcas de la traíña. Todo lleno de gente envuelta de sombra se apiñaba cerca del agua. De aquella masa humana movediza y confusa, se desprendía una especie de murmullo. Se destacaban algunos gritos juguetones de chiquillos, una risa femenina, la voz autoritaria de los patrones comandando la maniobra.

En las barcas pequeñas, comenzaban a encender las luces de petróleo. Esparcían una viva luz alrededor. Uno de los que las encendían era Ramón Savins, el hijo mayor del patrón de la «Gracieta». Un montón de recuerdos invadieron a Rafel. Eran lejanos, imprecisos, vagos y enojosos como una pesadilla.

Cuando las farolas estaban a punto, los hombres empujaban la barca hacia el mar. Uno sólo quedaba a bordo. Esperaba la barca grande donde iba todo el grupo.

Los rayos luminosos se proyectaban en el agua, la hacían transparente, profunda, irisada como una gran esmeralda o un gran zafiro.

Los de La Cala no se cansaban nunca de embelesarse. La salida de las traíñas constituía un espectáculo siempre nuevo para ellos.

Las esposas, los hijos, las hermanas y las prometidas de los pescadores, los iban a despedir como si se embarcaran para una travesía larga y peligrosa. (De peligrosa, lo era, ciertas noches). Y de pasada se distraían. Unos ayudaban en la maniobra, otros la estorbaban, pero nadie se enojaba o protestaba. En la playa, a aquella hora, señoreaba una ley de confusión y alboroto fraternales. Era como una fiesta mayor.

La «Gracieta» estaba a punto de zarpar. Desde su medio escondite, Rafel escudriñaba la oscuridad con la mirada. Buscaba descubrir a Met Sureda. Pero los claros de vivísima luz que se mezclaban en la tiniebla nocturna se lo dificultaban. Rafel no quería acercarse. Temía ser descubierto por alguien y provocar los comentarios de los curiosos: «Miradlo ya vuelve a rondar por la playa». «Se le ha vaciado el comedero y busca volver al mar.» «No creo que Savins le quiera...»

Continuaba escudriñando la oscuridad con la mirada. Vio a su padre cerca de la barca de la encendida. La luz impactante del farol se le proyectaba en el rostro. Era un rostro viejo y cansado. El rostro de un hombre que ha trabajado penosamente toda la vida.

Met Sureda, como Jaume Savins y otros pescadores viejos, vivían como si no hubiera otro camino más que el del mar, ni otro oficio que no fuera el de pescador. Cuantos más años tenían más se aficionaban. Uno tenía dolor reumático, el otro, sofocación, éste mal de estómago, aquél, el hiel sobresalido, el más sano, sufría de quebramiento. Pero al llegar la hora de varar las traíñas, se encaminaban a la playa, cojos, enfermos, entumecidos, ahogados... Cada uno de ellos se juntaba a su grupo, dispuesto a embarcarse. Dormían en el suelo encima de un montón de cuerdas o de redes o acechaban el pescado, en el frío y la humedad de la noche. El caso era salir al mar, calar las redes, esperar el alba, siempre confiando en una buena pesca, aquella que nunca o casi nunca venía. Y aunque viniera no les resolvería el problema de la existencia.

Toda una vida de sufrimiento y de trabajo sin conseguir el pequeño lujo de una nevera eléctrica, de un televisor, de una lavadora mecánica, de un buen aparato de radio... Si todo iba bien y volvían con pescado no ganarían más que un puñadito de pesetas, justito, justito para pagar los comestibles que habían adquirido a crédito.

¡Si al menos se atiborraran de buen pescado! Pero ni eso. El pescado lo vendían. Para los ricos y los forasteros, las langostas, los calamares, las gambas, los mejillones de roca; para los pescadores, la sardina, la lisa, el chanquete...

Olvidando que se encontraba en medio de la calle, Rafel alzó violentamente los hombros, soltó un reniego y soltó un escupitajo. Como se equivocaban aquellos que pensaban que quería volver al mar. Ahora que se había librado gracias a Mabel, no le atraparían nunca más. Era de lo único que se sentía seguro en aquel momento.

Cuando la «Gracieta» estuvo varada, cuando, con su inseparable compañera, la braca de la encendida salió del puerto y aquella luz tan viva se fue atenuando y perdiendo mar adentro, Rafel abandonó su medio escondite, enfiló un callejón que subía hacia el barrio pobre, donde estaba la casa de sus padres.

El silencio era amo y señor del vecindario. Ningún rayo de luz se filtraba por las puertas y las ventanas cerradas.

Rafel llamó. No recibió ninguna respuesta. Volvió a llamar más fuerte. Retrocedió unos pasos. Vio que se encendía una luz en el piso de arriba. Escuchó el chirrido de una ventana y la voz de la Caterina.

—¿Quién es?

—Soy yo, madre.

—¡Virgen del Carmen, el Rafaelillo!

Bajó y abrió la vidriera de la entrada.

—¿Que has perdido el juicio, hijo? ¡Si tu padre te viera!

—Padre está en el mar.

—Ya lo creo. Dios te bendiga que estás aquí.

Rafel fachendeó[123], pero con voz insegura.

—¿Me comería? –añadió, un poco impaciente–: ¿Me tengo que quedar en la calle?

Caterina se apartó de la puerta que, instintivamente, atrancaba.

—Entra.

Cerró la puerta de cristal.

Se miraban el uno al otro con una curiosidad dolorosa.

—¿Qué te pasa, hijo?

—Nada, me pasa. He venido a verla.

—¿A esta hora?

—Hasta que no he visto la «Gracieta» varada no he osado venir.

Rafel se había sentado. Ella le pasó una mano por la mejilla.

—¿No has tenido tiempo para afeitarte?

—Tiempo, suficiente. Humor, no tengo.

Los ojillos de Caterina se pusieron a brillar de curiosidad.

—Ya se ha ido la... la...

—Sí, ya se fue.

---

123   Fachendear: alardear de forma vanidosa o presumida.

—¿Para siempre?

—Hasta el verano que viene, dice.

Al cabo de un rato, Caterina preguntó:

—¿Y, tú, qué piensas hacer, ahora?

Él suspiró.

—No lo sé. Biel dice que es un mal momento para encontrar trabajo.

—Claro, viene el invierno...

La conversación parecía agotada. Rafel se puso de pie.

—No sé qué hacer ni dónde ir, madre.

—Aquél apartamento de la...

—Tengo que entregar las llaves pasado mañana.

—Si no fuera por tu padre, yo te diría, vuelve a casa. Nos partiremos la comida y la bebida hasta que encuentres trabajo, pero...

—Háblele, usted.

—Se pondrá hecho un demonio. Tan sólo escuchar tu nombre, ya le sube la sangre a la cabeza.

Rafel no se decidía a irse.

—¿Ya has cenado? –dijo Caterina.

—No tengo hambre.

Caminó dos o tres pasos hacia la puerta. Se giró:

—Si no encuentro trabajo, tendré que ir a pedir caridad y dormir bajo un puente, como los mendigos.

—¡De eso nada, bendito!

Movía la cabeza, preocupada.

—No quiero que pases hambre, ¿lo oyes? Cuando tu padre esté fuera de casa ven a comer aquí. A dormir, no me atrevo.

Los ojos de Rafel se habían humedecido. Se los secó con el reverso de la mano.

—Adiós, madre.

—¿Volverás?

Él encogió los hombros.

—Háblelo con padre, primero.

Le examinaba el rostro con la mirada.

—¿Lo hará?

—Sí, sí, claro, pero...

Él ya había traspasado la puerta.

Caterina dijo en voz baja:

—Adiós.

Seguidamente se escuchó el tintinear de la vidriera al cerrarse y el chirrido de la llave al girar dentro de la cerradura.

X

Cuando ya empezaba a creer que todo estaba terminado entre ellos, el Rafel recibió una carta de Mabel. «Te amo –decía–, te amo y me faltas, my great lover. ¿Cómo vivir sin ti, darling? Volveré en La Cala, my sweet La Cala, para amarte.»

Rafel llevaba siempre la carta encima. La sacaba de su bolsillo a menudo y la re-leía. Mabel le daba su dirección en Kenton-Harrow, y le rogaba: «Escribe a tu Mabel. Besa y ama a tu Mabel.»

Rafel le correspondió con una misiva de amor, apasionada y exigente: No podía vivir sin ella. Contaba los días que faltaban para volver a juntarse. ¿Cuántos? Era necesario que volviera enseguida. Ahora había muchos apartamentos para alquilar. Si esperaba demasiado ya no habrían disponibles.

No le decía cómo había resuelto su vida. (Ella tampoco se lo preguntaba).

Rafel volvía a vivir en casa de sus padres. Caterina había insistido mucho para que Met le perdonara.

Pintaba a su marido, la situación del chico como desesperada.

—Se está quedando como un fideo, ¿sabes?

—Me alegro –respondía Met con Rabia–. Hambre y frío es poco. Querría que le pegaran, que le apedrearan, que le sacaran la piel a tiras. Es la vergüenza y la deshonra del pueblo.

Además de Caterina también había intervenido a favor de Rafel, el Martí de los Llànties.

—Tu muchacho no es un gandul. No encuentra ningún tipo de trabajo fijo. ¿Qué culpa tiene él? Vive, como quien dice, de desperdicios. Duerme dentro de un auto estropeado en un garaje. No está bien que lo permitas, Met.

—Que se fastidie, él se lo ha buscado.

La Gloria de los Cosme, paró a Met en medio de la calle.

—Lo que haces con el Rafaelillo no es de cristiano.

—Cristiano o moro es lo mismo, a la hora de la verdad. Este remaldecido gandul tenía un buen oficio, una buena casa. Lo echó todo a perder por una perra extranjera que una vez harta de carne fresca y joven, le ha plantado y se ha ido.

La Gloria suspiraba argumentando:

—La culpa no es de él, Met. Hay mujeres bien capaces de engatusar y hacer perder la cabeza a un mocetón sin experiencia, como el tuyo. Perdónale, Met.

Finalmente Met Sureda hizo saber a la Caterina que el chico podía volver a casa con la sola condición que hiciera de pescador, como antes. Jaume Savins, estaba dispuesto a re-admitirlo en la «Gracieta».

Rafel no encontró otro camino que el de la claudicación. Claudicó con asco, con rabia, con vergüenza de él mismo.

Volvía a ir a calar y a sacar la red, araba y regaba el huerto, pelaba maíz y judías, arreglaba cestas y mallas, siempre vigilado por su padre, talmente a galeras, ¡re-córcholis!

Para Navidad había recibido una postal de Londres. «Merry Christmas and happy New year. Love, from Mabel.»

Él correspondió con una carta de amor todavía más apasionada y exigente que la primera. Quería saber cuándo volvería. Insistía en querer alquilar un apartamento, de inmediato. (Suponía que ella le enviaría el dinero. Porque los apartamentos se pagaban de antemano. Ningún propietario estaba dispuesto a fiar. Rafel esperaba que Mabel se dejaría enternecer por sus súplicas amorosas, por sus promesas de felicidad.

Mabel no contestó hasta la primavera. Estaba en Menton. Pasaba la Semana Santa con unos amigos. No podía decidir nada todavía. Le suplicaba que tuviera un poco de paciencia. Así que supiera alguna cosa sobre las vacaciones de verano, se lo comunicaría.

Para junio, la inquietud de Rafel aumentó todavía más. Pasaba todos sus momentos libres plantado en la acera de la administración de la S.A.R.F.A. Observaba los autos de línea que venían de Gerona o de Figueras con la esperanza de ver llegar a Mabel.

También pasaba y re-pasaba por las terrazas de los cafés donde ya se comenzaban a ver siluetas extranjeras.

Pasó junio. Pasó julio. Mabel no compareció. Rafel le escribía cartas más y más desesperadas. Ella no contestaba.

—Yo, de ti, no pensaría más, en esta moza —opinaba Biel.

—Ya lo dices, tú, no pensar más. No me la puedo quitar de la cabeza. De día, la busco por todos lados; de noche la sueño. Y cuantos más días pasan, peor.

—¡Parece una novela! –comentó, mofeta el chico Llànties.

—Búrlate tanto como quieras, estoy como embrujado.

—Bien lo parece, ¡re-córcholis!

—No sé si la quiero o la odio. Pero la necesito, ¿comprendes? Sin ella me falta todo. Haría cualquier estupidez por volver a tenerla en mis brazos.

Biel movía la cabeza.

—Te compadezco, chico.

Al principio de agosto, después de más de cuatro meses de no recibir letras de Mabel, perdida la esperanza de verla llegar, Rafel decidió ir a encontrarla a Londres.

Biel quería quitárselo de la cabeza, pero Rafel no entraba en razón. No estaba dispuesto a renunciar a este desaforado proyecto.

Ya desde el primer momento había concebido la idea de ir por mar. El avión o el tren resultaban muy dispendiosos. Rafel disponía de algunos ahorros pero no había ni para comenzar.

Se puso en contacto con un ex-marinero del Estartit que conocía toda ley de trajines y traficantes marítimos. Se ocupaba de negocios no muy claros, relacionados con gente de Palamós y de Sant Feliu de Guíxols. Por mediación de este individuo, Rafel consiguió que lo enrolaran como tripulante en un barco de carga que transportaba tapones de corcho a Inglaterra.

Hasta que no lo tuvo todo a punto, no lo habló con nadie.

Un día hacia el anochecer, fue a esperar a Biel a la puerta del garaje. Le hizo jurar, por la salud de la Roseta Pitiua, que no hablaría con nadie lo que le iba a confiar.

—Descárgalo de una vez –se impacientaba Biel.

—Mañana, a mediodía, cuando termines del trabajo para ir a comer, ve a casa, dile a mi padre que me he ido para siempre. Que ya he terminado de hacer de pescador.

—¿Te has vuelto loco, quizás? –gritó Biel, asombrado.

—Hablo en plata. Nadie tiene que saber dónde voy. A ti te lo diré: a Inglaterra.

—¿Ya te lo has pensado bien? –preguntó Biel, impresionado a pesar de todo, por la decisión de su compañero.

—Pensado y re-pensado. Nadie tiene que saberlo. Sólo quiero que lo digas a mis padres para que no se piensen que me he negado. Me voy a Palamós con el camión de Mateu Sales. Salimos dentro de media hora. Una vez llegue ya os escribiré. Díselo a mi madre.

—¿Y no te llevas ninguna maleta?

—Una pequeña. Ya la tengo en el camión.

Se quedaron unos segundos sin hablar. Al fin, Biel exclamó:

—¡Re-córcholis de Rafel!

Le alargó la mano.

—Que tengas suerte.

Rafel se la estrechó.

—Gracias. Y, sobre todo, no digas nada hasta mañana al mediodía.

—Te lo prometo.

—Adiós.

—Adiós.

Aquella noche, Rafel no se presentó a la playa a la hora de varar. Jaume Savins le dijo a Met:

—Tendré que volver a despedirlo y, esta vez, será para siempre. No cederé ni por la Santísima Madre de Cristo. Estoy harto de este granuja. Es más gandul que una estaca y presumido como un mariquita.

Met callaba avergonzado.

Savins continuó.

—Es un mal ejemplo para los compañeros jóvenes, ya te lo diré; ven que trabaja cuando le va bien y, cuando no, se va a la suya. Los otros también querrían hacerlo, pero no se atreven. Gracias a él comienzan a perder la disciplina. Ya no son ni de lejos lo que eran.

Jaume Savins era un excelente patrón de barca, considerado y bueno como el pan. Pero antes de casarse con la Gracieta de los Morros había hecho comedia en un teatro de aficionados.

Cuando se veía rodeado de pescadores dispuestos a escucharle, les soltaba un discurso. Lucía al mismo tiempo su voz bien timbrada y su natural elocuencia.

Met suspiró.

—Ahora que empezaba a portarse bien...

—Empezaba..., empezaba, pero lo ha echado a perder.

No hablaron más. El grupo se disolvió y la «Gracieta» fue varada. Salió al mar con su inseparable compañera, la barca de la encendida que manejaba Ramón Savins.

Met pasó una mala noche, una de las peores de su vida. No tenía la culpa ni el estómago, ni el reuma, ni el viento ni las olas, sino la nueva insensatez de Rafel y todo lo que esta insensatez significaba para la dignidad de los Sureda.

Met pensaba, pensaba. El muchacho le hacía quedar mal a los ojos de los calencos, sobre todo, de los pescadores. Ninguno de los que Met conocía tenía que pasar por la vergüenza de tener un cabeza de chorlito por hijo.

«Le soltaré una bronca de las grandes», decidía. Y seguidamente se desanimaba: «Le he soltado tantas... ¿De qué han servido? La tendría que emprender a trompadas como si todavía fuera un chiquillo. Pero ya es todo un hombre, más forzudo y más ágil que yo. Se volvería. ¡Qué vergüenza, una pelea entre padre e hijo!»

Met Sureda trabajaba maquinalmente. No se podía sustraer a la obsesión del mal comportamiento de Rafel. Era un tarambana, un displicente, desconocía el honor del pescador, del marinero.

Se hizo de día y la «Gracieta» llegó al puerto. La amarraron a tierra y se llevó a cabo la distribución del pescado. Los pescadores abandonaban la playa el uno tras el otro. A Met le faltó tiempo para volver a casa.

Caterina todavía dormía. La despertó.

—¿Has visto al muchacho?

Medio dormida, ella respondía:

—¿El muchacho? ¿No estaba en el mar con vosotros?

—No se presentó al trabajo.

—¡Reina Santísima!

Se levantó y entró al dormitorio de Rafel. La ventana permanecía abierta, la cama sin deshacer. Había un colgador en el suelo y un par de zapatillas cerca de la silla.

Caterina lo registró todo. Faltaban los zapatos de cuero y los calzones de las fiestas.

Examinó la percha, clavija por clavija. Había colgada la ropa de pescador y un jersey rojo. El nuevo no estaba, y tampoco la chaqueta marrón de lana que Rafel no se ponía más que para los entierros.

El baúl no lo tocó, Caterina. Ya tenía suficiente con lo que había visto.

—¡Met! ¡Met!

Met estaba acostado en la cama, pero no dormía.

Caterina se le acercó.

—El muchacho se ha llevado lo bueno y lo mejor de su ropero. Debe ir de holganza.

—Así reventara.

Añadió:

—Ahora déjame dormir, por favor.

Se dormía y se volvía a despertar. Volvía a dormirse y se despertaba otra vez. Siempre pensando qué le diría a Rafel cuando le viera y qué diablos haría para obligarle a ser un hombre de veras, un hombre como lo había sido él, Met Sureda, a la misma edad del muchacho y el abuelo Sureda que también se llamaba Rafel, honra y admiración del gremio de pescadores de La Cala. ¡Aquel Rafel Sureda sí que era un pescador ejemplar! Viejo y enfermo, sin poder apenas andar se arrastraba todavía hasta la playa y, una vez a bordo de la «Tramuntana», se recomponía diciendo: «¿Veis? ¡Vuelvo a ser joven, válgame re-cristo!»

El abuelo Sureda, el día de su muerte, todavía quería ir al mar. «Si me llevarais hasta la playa, pienso que me recuperaría.» Estas fueron sus últimas palabras.

Met y Caterina estaban almorzando, cuando rechinó la vidriera de la entrada. Ambos se quedaron con la cuchara en el aire pensando que sería Rafel. Era el chico de los Llànties.

—Buenos días y buena hora.

—¿Hombre, Biel? –dijo Met, un poco alarmado porque el hijo de Martí no ponía nunca los pies en aquella casa y ahora, parecía como si no osara hablar.

—Vengo de parte de Rafaelillo. Me ha encargado que os diga que se ha embarcado.

Met notó que una nube le oscurecía la vista.

—¿Quién dices que se ha embarcado?

—Su hijo, Rafel –gritó el chico Llànties como si Met fuera sordo.

—¿Y dónde ha ido?

—A un país extranjero. No sé cuál.

Caterina se puso a gritar.

—¡Mi hijo!

—¡Calla! –gritó Met. Y dio un puñetazo en la mesa.

El porrón se tambaleó y las cucharas tintinearon en los platos.

—Dice que una vez llegue a su lugar, ya os escribirá.

Biel hizo un paso hacia la puerta.

—¡Detente, diablos! –gritó Met, levantándose y cogiéndole por el brazo.

—Yo no sé nada –gritó el chico Llànties con actitud defensiva.

Met le dejó ir y se volvió a sentar. Todo él temblaba y la vista le hacía chiribitas.

Biel ya había pasado la puerta. Los dos viejos se quedaron mudos, quietos, abatidos.

Caterina sentía una molestia en el pecho. Le subía cuello arriba hasta que le salió un gran sollozo.

Met tenía los ojos fijos en la pared emblanquecida. La estrella marina y el calendario se movían grotescamente. Tan pronto se inclinaban a la izquierda como a la derecha. La marina, representada por un velero encima de una olas espumosas navegaba fuera del marco, velas, vergas y estayes entrecruzándose.

Met se pasó la mano por los ojos. Se levantó pesadamente de la silla.

—¡Espera, Met! ¡La gorra, Met!

No hubo ninguna respuesta.

Caterina fue detrás suyo. Vio que entraba a la recámara del patio, salía con la azada.

—Met, ¿qué haces?

El pescador pasó por la puerta de cristal, salió a la calle. Su mujer corría detrás suyo.

—Met, ¿dónde vas?

Él no escuchaba nada. Caminaba con la azada en la espalda, bajo el bochorno del sol, entumecido de cuello, fatigoso de piernas.

—Ya te aclararás –dijo Caterina desalentada.

Regresó al comedor. Miraba la vianda a medio comer. ¡Malograda! El hijo al extranjero y Met… «¡Re-Diós de hombre, como loco!»

Probó de continuar engullendo la comida. No se la podía tragar de ninguna manera: las lágrimas se mezclaban. «¡Embarcado, borrego, embarcado!»

Dejó de comer y se secó las mejillas y la frente con el delantal. Quitó la mesa repitiendo a media voz:

—¡Al extranjero, borrego!

Met iba camino al huerto, en los campos soleados de mediodía. No pensaba en lo que iba a hacer ni sabía bien por qué iba. Tenía la cabeza erguida y rígida, la sentía pesar dolorosamente encima de sus hombros. La vista le hacía chiribitas, pero él no buscaba ver, en todo caso, ojos adentro. Ojos adentro veía un barco navegando mar allá y Rafel encima. «¡Re-maldito cobarde! ¡Qué puñetazo le daría en los morros, si le tuviera cerca!»

«A Inglaterra se había ido, está claro, detrás de aquella cerda, ¡rayo la queme!»

El sol le calentaba la cabeza y el cogote. Los pasos se le hacían pesados, tenía el rostro congestionado y la respiración precipitada. Escuchaba una especie de ruidos dentro de su cabeza como si tuviera una lanzadera. Al llegar al huerto, se acercó maquinalmente a un pequeño bancal, plantó la azada. Sintió como una sacudida en la nuca, y, al mismo tiempo una nube roja le invadió la vista.

Parpadeó rápidamente para limpiarse las pupilas de aquella molestia que le cegaba. Pero la molestia persistía. Tenía los ojos inundados de oscuridad.

Había sacado del bolsillo un pañuelo y se lo fregaba, por dentro y por fuera. Era un esfuerzo inútil. No veía nada. La angustia y el terror le invadieron.

A su alrededor no se escuchaba sino el silencio. Un silencio amplio y cristalino poblado de voces infinitamente lejanas como si vinieran de otro mundo. Y eran gritos de chiquillos, ladridos de perro, jadeos y trepidar de motores allá en la carretera de Torroella.

Cerca del huerto había una viña. Al pasar le había parecido que unos hombres trabajaban. Se decidió a pedirles auxilio.

—¡Muchachos! ¡Muchachos!

Daba unos pasos con los brazos extendidos, volvía a gritar:

—¡Muchachos! ¡Muchachos!

Alguien debió escucharle porque unos pasos se acercaban haciendo retumbar el suelo. Una voz de hombre decía cerca suyo:

—¿Qué le pasa, Met?

Era la voz de alguien que él conocía; una voz joven.

—¿Quién eres, hijo?

—Soy el Xic del Peroler. ¿No me conocéis?

—No hace mucho todavía veía. He sentido como un golpe en la nuca. Me ha dejado ciego.

El Xic del Peroler no se lo podía creer. Contemplaba estúpidamente a Met Sureda. Era el mismo de los otros días, pero con los ojos abiertos de par en par y la mirada fija y ausente. Extendía los brazos y decía:

—¿Dónde estás, Xic?

—Aquí mismo, Met Sureda. Cójase a mí. Le acompañaré a su casa.

Cogió al pescador por un brazo.

Empezaron a caminar. Met iba con la cabeza muy derecha y el paso vacilante. Tropezaba con los terrones, se tambaleaba a cada paso del camino.

El Xic del Peroler le guiaba cogiéndole bien fuerte por el brazo. De vez en cuando, le empujaba con los hombros. Parecían dos embriagados.

Met gemía:

—¿Cómo lo haré, Xic, sin vista?

—Eso se le pasará, Met Sureda. Es el alumbramiento de la soleada. ¿Quién le mandaba salir sin gorra?

Segunda Época

I

Tocaban misa de nueve cuando todo justo los de misa de ocho salían de la iglesia.

Caterina había ido a comprar. Después iría a las redes. Fiesta o no fiesta, mientras hubieran para remendar, ella no faltaba.

A misa no asistía nunca, y ahora menos, con su esposo ciego y el rector nuevo que las alargaba tanto.

—Este tipo me haría perder una hora entera, por lo menos –respondía a la Gloria cuando esta le tiraba en cara su falta de devoción.

—Si estar en la iglesia escuchando misa lo llamas «perder el tiempo», ya está todo aclarado –replicaba la mujer del Cosme, con su tono de superioridad habitual.

Gloria se había vuelto muy de misa desde que tenía dinero. Antes, cuando ella y Cosme eran unos pobrecillos más o menos como Caterina y Met, poco ponía los pies en la parroquia. Se había puesto a frecuentarla cuando su posición social le permitía considerarse de la misma categoría que la esposa del notario, del médico o del apotecario. Se solía encontrar con ellas en la salida de misa de nueve, que era la misa más misa de todas las misas y, por consiguiente, la de la gente más devota y respetable de La Cala. Se saludaban sin sacarse la mantilla, aguantando un gran misal y haciendo tintinear los granos del rosario.

Se tocaban las manos con mucha ceremonia, se hacían cuatro cumplidos, susurraban algún chisme y se despedían.

—Hasta la próxima, señora Francesca.

—Páselo bien, señora Gloria.

—Salude a su marido, por favor, señora Teresa.

—Gracias, señora Adela, así lo haré.

Siempre estaban de acuerdo con lo que hacían y decían el señor rector y el señor vicario. Pero esta incondicional adhesión a las jerarquías eclesiásticas, sufría, también alguna crisis.

Últimamente ciertas desavenencias habían trascendido al público. El rector nuevo no estaba de acuerdo con el vicario. No quería que éste se ocupara de la asociación dicha: «de colores.» (Algunos calencos decían «el escubidú»). Inmediatamente las opiniones de las damas se dividían: unas estaban por el rector, las otras, por el vicario. Como no se atrevían a discutirlo en la puerta misma de la iglesia, a la salida de misa de nueve, el cónclave femenino se disolvió por una temporada. Las damas de misa salían del templo y se esmuñían por las callejuelas huyendo las unas de las otras.

En el vecindario de los Sureda, sólo la Gloria era devota. La Ció y todos los suyos eran anticlericales por tradición y por convicción. No ponían nunca los pies en la iglesia. María, iba cuando le iba bien. Gracia y Maximeta hacían acto de presencia generalmente el día de Todos los Santos, el día de Navidad y para la Madre de Dios de agosto. Sus maridos, nunca. Pero todos iban a los entierros. Muriera quien muriera, si era alguien de La Cala y ellos lo sabían, se vestían bien y le acompañaban en su última estada. No faltaban ni los anticlericales más exaltados ni los blasfemos más endurecidos, aunque hiciera una tramuntanada de aquellas que arrancan las tejas y las chimeneas de los tejados y hacen caer los pajares enteros, palo incluido, llanura abajo.

Todos entraban a la iglesia: ellas con pañuelo o mantilla en la cabeza, ellos, con la gorra en la mano. Y todos callaban y nadie reía mientras los curas cantaban los responsos. Después hacían sus comentarios, no siempre respetuosos para el clero.

María volvía de misa de ocho cuando la campana tocaba las nueve en el reloj del campanario.

Met estaba sentado en la puerta de su casa con la gorra de visera bien calada y las gafas negras encima de la nariz.

—Hola, Met. ¿Dónde está la Caterina?

—Ha ido a comprar cuatro cosas que le faltaban. ¿Qué hora es?

—Ahora han tocado las nueve.

—Ya empiezo a estar con ansia, ¿sabes?

—No sé por qué. La misa ha sido muy larga. Ahora siempre las dicen, de largas. Por eso yo no voy más a menudo.

—Ella tampoco. No me lo ha dicho que fuera a misa.

María exhaló un gran suspiro.

—No se puede ir, hijo. Te lo bien juro. ¡Tanta gente y tanto ceremonial! Los curas sólo están por los turistas, ahora. Hacen como los tenderos. Quién los ha visto y quién los ve, ¡re-cristo! En el verano hay cuatro o cinco, de curas, y todavía no dan abasto. Nuestra iglesia es una de las más grandes de La Costa Brava, ya lo sabes, tú, Met. ¿No es allí que os casasteis, tú y la Caterina?

—Sí, y también bautizamos al niño.

—Pues, no te lo creerás, ve a la misa que quieras, si no te espabilas ya no te sientas. Dicen cinco cada domingo y siempre está lleno hasta arriba. Mucha gente se tiene que quedar de pie, y eso que en los bancos se ponen bien apretados.

—Yo me pensaba que los extranjeros no eran mucho de misa.

—¡Qué dices, bobo! Más de la mitad de los que van a misa son extranjeros. Comulgaban en fila. Eso sí, las mujeres se presentan sin mangas, sin medias, sin nada en la cabeza.

—¿No estaba prohibido?

—Eso era antes, tonto. Hoy en día, el clero también sigue las modas.

—Ahora, todo justo hace un año, cuando yo todavía veía, las mujeres no podían entrar a misa con manga corta y todavía *menos* sin mantilla y sin medias.

—Poco ibas a misa, tú.

—Aunque no fuera, lo sabía. Habían puesto un rótulo enganchado en la puerta. Incluso en dos o tres idiomas lo habían puesto, el rótulo.

—Quizás sí –aceptó María–. Ahora las cosas han cambiado. Posaderos, tenderos y *clero* no piensan más que en halagar al turista. A misa, Dios me mate, si digo mentira, se meten a hablar extranjero desde el altar mayor. El de casa, que entiende en eso de hablar extranjero, porque estuvo en Francia, ya lo sabes, asegura que la misa de las doce la dicen en cinco *diomas*[124], y que hay un capellancito forastero que incluso confiesa en francés y en inglés.

—¿Quieres decir que les entiende, los pecados?

—Eso es *lo de menos*. El de aquí, que habló con el capellancito, dice que es una orden del *Misterio de Formación y Turismo*.

—Ministerio de Información y Turismo, debes querer decir.

—De lo que sea.

—Lo debes haber comprendido mal, eso de decir la misa en cinco *diomas*.

---

124 Mantengo el error y la cursiva en la palabra «idioma» tal como aparece en el texto original para destacar el castellanismo.

—Lo he comprendido muy bien. El de casa lo sabe. Dicen la misa en latín, leen el *vangelio* en castellano[125], en francés, en alemán y en inglés. Por eso la misa no se termina nunca.

María adoptó un tono más pacífico para decir:

—Me voy a freír la sardina. Los hombres están por levantarse y querrán desayunar.

—¿Han ido a la traíña, hoy?

—Sí, pero no han pescado nada. Cuatro sardinotas y listos. Miserias, hijo, miserias.

Met ya volvía a estar solo.

La calle se poblaba de gritos y de voces de los chiquillos. Met distinguía la de Jordi y la de René. Jugaban a fútbol.

—¡Va!

—¡Ahora tú!

—¡No!

—¡Chuta!

Daban un golpe de pie a la pelota y la pelota rebotaba al aire. Volvía a petar al suelo. Topaba con la punta de las sandalias de los jugadores.

Los gritos de Jordi y de René, calle hacia arriba, calle hacia abajo, llegaban al oído de Met. El ciego seguía con mucho interés el juego de los pequeños.

—Yo sería el Barcelona, tú el Madrid –decidía la voz de Jordi.

Continuaban los golpes de pelota. Se detenían un momento. Se volvía a escuchar la voz de Jordi.

—Tú ganarías la copa de su Excelencia el Jefe del Estado, yo, el campeonato de liga.

Jordi era el nieto de Cosme y de Gloria. El hijo y la nuera vivían en Barcelona. Dejaban todo el verano al niño en casa de los abuelos.

René era un francesillo. Sus padres alquilaban por uno o dos meses uno de los apartamentos de Cosme. El otro apartamento también estaba alquilado. La gente decía que Cosme y Gloria ganaban suficiente para vivir todo el año sin ir con un pie fuera de camino y llevar la lengua afuera.

Habían tenido suerte. Se habían vendido una viña situada cerca del mar entre el Cabo Mitjorn y La Cala. Les habían dado un buen pellizco. Con aquel dinero hicieron subir dos pisos a la casa. Ellos vivían en los bajos, alquilaban los apartamentos a los extranjeros.

---

125 Mantengo el error y la cursiva en la palabra «Evangelio» tal como aparece en el texto original.

La voz de Jordi continuaba dominando:

—Yo sería el capitán del Barcelona, tú, el del Madrid. Yo habría ganado el campeonato de la Liga y ahora nos tocaríamos las manos.

—Tú n'as pas gagné –protestaba René–, tú triches.

—No importa. Nos tocaríamos las manos y el público aplaudiría.

René se debía haber conformado porque se escuchaba picar de manos y la voz triunfal de Jordi.

—¡Viva el Barça!

Y, seguidamente:

—Ahora jugamos el desempate.

—Mais c'est moi qui a gagné –insistía el otro.

—Es igual. Jugamos el desempate.

Se escuchó un transistor. Su musiquilla se alejaba junto con unos pasos. Pero otros pasos se acercaban. Una voz joven dijo:

—Buenos días, Met.

—Buenos días, Maximeta.

—¿Cómo vamos?

—Ya lo puedes ver, hija.

Maximeta se ha alejado.

René y Jordi ya no jugaban a fútbol. René tiene una armónica. Trata de modular una vieja canción popular francesa. Jordi le estorba. Imita el tono silbando. René desafina y Jordi silba cada vez más fuerte. René para de soplar en los agujeros de la armónica. Grita, con una vocecilla toda quemada.

—Tu es un emmerdant.

—Tú todavía más.

—Je rentre chez-moi.

—Ve a tomar por el...

—¡Re-dios! –suspira Met–, ¡estos chiquillos!

Ha regresado Caterina. Met gruñe:

—Hace más de una hora que estabas afuera.

—*Bueno,* ¿y qué?

Se mete en la cocina, protestando. Seguidamente la vaharada a petróleo se esparce por la casa, sale a la calle. Met la huele con satisfacción. Pronto le darán el desayuno. Rato hace que siente un vacío en el estómago. Ahora, Caterina debe poner la leche a hervir. Sin paciencia de esperar, el ciego abandona la silla. Palpando, palpando entra en la casa. Caterina le lanza, con un grito.

—Te querría ver a ti, en las tiendas.

—¿Tanta gente, hay?

—Re-cristo, si la hay, más que un fuego no la quemaría. Es la Madre de Dios de agosto, hoy. Este año cae en sábado. Dos días de fiesta seguidos. Todo el mundo se viene hacia la costa. Además de los extranjeros que ya llenan La Cala, hay los forasteros de Gerona y de Barcelona. En los hoteles y en las pensiones, ya no cabe ni un alfiler. Por todas partes se escuchan demandas de habitación. Duerme gente incluso en la despensa y la bodega de las casas. Y todavía queda personal para acomodar. Si...

—¡Ostras! –Salta de repente y corre hacia la cocina. Sale una fuerte peste de leche quemada.

—Sólo me faltaba esta –se desespera Caterina.

—¿Toda, se te ha vertido? –pregunta Met, inquieto.

—Para ti ya ha quedado, hombre. Si hace falta, yo me quedaría sin.

—¿Y no tienes nada más para desayunar?

—¿Qué quieres que tenga, santo cristiano?

Con voz más calmada, añade:

—Le pediré un cuartillo a la Gloria. ¡Ellos aún, que tienen a tutiplén!

Mientras va a pedírsela llega la Ció. Grita, por detrás de la red estando:

—¡Caterina! ¡Caterina!

Met sorbe el pan mojado con leche. Responde, con la boca llena:

—Está en casa de Cosme.

La Ció se mete dentro.

—¿Alquilaríais la habitación de Rafel? Os la pagarían bien, ¿*sabes*? Hasta dos cientas pelas por dos noches.

Met sorbe los últimos tragos de leche. Se seca los labios con la mano.

—No sé si lo querrá, la Caterina.

Caterina se ha avenido. Dos cientas pesetas hacen de buen aprovechar. Ella y Met dormirán en la habitación de Rafel y los forasteros, en la habitación de matrimonio.

—Corro a cambiar las sábanas –explica a la Ció–. Hazles venir de aquí a un rato. ¿Dónde están ahora?

—Están en casa. Ellos pensaban en quedarse pero no tenemos ni un colchón de sobras. Tenemos al prometido de la muchacha, a los cuñados de Figueras, a la prima de la Armentera. Esta se tendrá que regresar con el auto de la noche, porque no sabemos dónde meterla. Comida, suficiente, para todos habrá.

Caterina ya estaba escaleras arriba, la Ció explicaba a Met.

—No sabes como está La Cala. Gente y más gente. Es una *locura*. En los restaurantes hacen tres o cuatro turnos. Hay quien almuerza a las cinco de la tarde y todavía gracias.

Caterina volvía a estar abajo.

—Les puedes decir que vengan cuando quieran. La habitación ya está lista. Pero hazles saber que aquí es una casa de pescadores. Comodidades, ni una.

—¡Quieres callar! Mientras tengan una cama limpia para echarse y un poco de agua para lavarse...

—Se tendrán que lavar en la cocina, si por esas viene el agua.

Cuando la Ció se había ido, Caterina le dijo a Met:

—Tendríamos que hacer un pensamiento. Alquilar nuestra habitación para todo el verano y dormir en la de Rafel. Ganaríamos mucho más dinero que yo remendando redes.

—Tú misma –dijo Met–. Pensaba que no querías alquilarla, la habitación de aquél.

—Claro que no lo quería, porque me pensaba que volvería.

—¡Quién sabe dónde para!

En aquel momento la campana de la parroquia se puso a tocar a muertos:

—Tan..., tan, tan.

—¿Quién se ha muerto? –preguntó Met.

—Poco lo sé.

Salió a fuera. Iba calle hacia abajo gritando:

—¡María!

María salió al paso de la puerta.

—¿Qué hay, Caterina?

—Tocan a muertos.

—Mucho lo siento.

Salió la otra vecina.

—¿Quién se ha muerto, Ció?

—El Pere de los Xaxo. Lo entierran mañana.

—Poco sabía que estuviera enfermo. Como no salgo nunca de casa, *¿sabes?*

—Tenía más de setenta años.

—Era más desabrido que una abregada[126].

—¿Quién dice que se ha muerto? –preguntó Met a la Caterina que ya volvía a estar adentro.

—El Pere de los Xaxo.

—Era un buen pescador. Y valiente. Te acuerdas Cat...

El ciego paró de comentar al darse cuenta que su mujer ya pasaba Dios sabe dónde. La escuchaba gritar unas puertas más arriba.

—¿Que tienes agua, tú, Gràcia?

—Ni una gota.

—¿Y tú, María?

—Nada.

—¿Y tú, Ció?

—Tampoco.

—Que Dios me mate si sé qué pasa.

—Re-dios, los forasteros. ¿Qué no ves que los hay más que un fuego no quemaría? Y venga duchas, y venga enjuagar ropa. La Gloria también se queja.

Caterina se volvió para casa un poco consolada al ver la pega compartida con las vecinas.

—¿Qué decís que no hay? –preguntó el ciego.

—Que no hay ni una gota de agua –chilló Caterina, toda enojada.

Un rato después, se acercó a Met.

—Me voy a las redes. No sé cuando volveré. Ya tienes la sopa a punto. He encendido el hornillo de carbón y te he dejado el cazo encima de las brasas. Ve con cuidado de no quemarte. ¡Ala!

Un año antes, cuando Met perdió la vista, Caterina lloraba día y noche. Le acariciaba la frente y las mejillas, le preguntaba, entre sollozos: «¿No ves nada, nada, Met?» Ahora parecía bien resignada. (Él no, él no se consolaría nunca, de no ver).

Le había acompañado a Figueras a consultar a un oculista. El oculista le examinó detenidamente. Le preguntó cómo y cuándo le vino la ceguera. Dedujo que le venía como resultado de un «golpe de sangre» producido por la emoción repentina de la huida del chico. Le recetó unos comprimidos y unas gotas. Pero la vista no se la devolvió.

---

126   «Abregada» es un sustantivo femenino de uso anticuado y obsoleto que hace referencia a un lugar defendido de los vientos fríos. En la versión original Bertrana escribió «garbinada», que significa viento fuerte de «garbí», ábrego en castellano. Este viento proviene del suroeste y se origina por el giro de la marinada al atardecer en algunos sectores de la costa catalana.

Los compañeros de barca iban a verle a menudo, ahora uno, ahora el otro. No se cansaban de repetirle: «Tienes que ir a hacerte visitar por un buen oculista de Barcelona. Este no te ha entendido el mal.» Jaume Savins, el patrón de la «Gracieta», se había ofrecido a acompañarle. Y no sólo le acompañó, sino que pagó los gastos del viaje y de la pensión. Para pagar al oculista y al apotecario, ellos, los Sureda, habían tenido que pedir dinero prestado a Pere Batlle, el ex-contrabandista, amo actual del hotel «Cala Xamosa». Respondían con el huerto y la casa.

Met había ido muy esperanzado, a hacerse visitar por el célebre oculista barcelonés. Y el oculista le había mareado bien. «Ahora gire los ojos hacia aquí, ahora gírelos hacia allá, ahora arriba, ahora abajo.» Le aplicaba instrumentos, le hacía preguntas.

—¿Qué le parece, veré? –le había preguntado Met.

—Haré lo que pueda, buen hombre.

—Aunque no fuera más que de un ojo –suplicaba el ciego.

Al terminar la visita Met le preguntó:

—¿Me operará?

—De momento, no.

A Met, esta respuesta le hizo muy mala espina.

Al salir de la clínica, Jaume Savins callaba obstinadamente, ¡el tan hablador! A las preguntas del ciego, contestaba con monosílabos. «Mal señal», pensó Met.

Habían cogido un taxi e ido hasta una farmacia para comprar los inyectables y los comprimidos indicados por el médico. Después Jaume Savins le había invitado a almorzar a un restaurante. Le ponía el tenedor en la mano, con la comida en el tenedor. Explicaba a los mozos:

—No ve nada, pobre hombre.

Las inyecciones se las había puesto el barbero de La Cala, una cada día, quién sabe el tiempo. No le hacían ningún efecto. Los comprimidos, tampoco. Met quería volver a Barcelona, hacerse visitar por otro oculista. Savins se lo desaconsejaba. «Quizás está harto de pagar viajes y pensiones», pensaba Met. Insistía diciendo que él lo pagaría todo, aunque tuviera que perder el huerto, el bote y la casa. Sólo le rogaba que le acompañara. Entonces Savins le confesó toda la verdad. El oculista le hizo comprender, por señas, que Met no vería nunca más.

Los Sureda habían hipotecado la casa y el huerto. Vendieron el huerto y el bote para deshipotecar la casa. Savins y Martí de los Llànties se habían encargado de todo.

Los compañeros de la barca les llevaban medio cubo de pescado de vez en cuando. Decían que era la parte que le tocaba, como si todavía fuera a la traíña. La Caterina se lo vendía y, con el dinero que le daban y el que ganaba remendando redes, iban tirando.

Como no tenían huerto, tampoco no tenían vianda. Suerte de los vecinos que les daban tomates, alguna berenjenas, judías tiernas... En el invierno, sólo alubias y cebollas y un canastillo de patatas, que ya es bastante.

De Rafaelillo, no habían recibido ninguna novedad. La pobre Caterina decía de vez en cuando:

—Me tendré que poner de duelo por el chico.

—Malogrado –murmuraba Met, rencoroso.

Martí de los Llànties iba a ver al ciego alguna vez.

—¿No sabéis nada, del chico, vosotros? –preguntaba Met.

—Nada, hijo. Ni una postal y eso que eran tan amigos con Biel.

Al llegar el mediodía, Met seguía afuera, sentado en la sombra escasa de la pared, el cuerpo rígido apoyado al respaldo de la silla, la cabeza bien derecha y las gafas negras encima de la nariz.

Bajo el sol implacable, aturdidor, no se movía ni una mosca. El ciego estaba atento a cualquier ruido que le pudiera distraer.

Unos pasos arrastradizos, se le detuvieron al lado.

—¿Estás solo?

—Tengo a la Caterina en las redes.

—¿Te hace falta algo?

—Nada. Pero gracias, de todas pasadas, Ció.

Met empezaba a tener hambre. Se levantó de la silla y, guiándose por las paredes, llegó a la cocina. Con todo de precauciones sacó el cazo de encima de las brasas, lo dejó encima de la mesa.

Mojaba pan, sorbía hasta la última gota de sopa.

Palpando, palpando, encontraba el porrón y se amorraba.

Cuando Caterina se descuidaba de dejarlo en el lugar convenido, el ciego salía al paso de la puerta. Gritaba: «¡Ció! ¡Ció!» En último lugar llamaba a Gràcia. (A Gloria no osaba molestarla, se había vuelto muy señora desde que tenía dinero). Una u otra acudía, le buscaba el porrón, a veces el pan, que también se solía descuidar, la pobre Caterina, ajetreada de no hacer tarde al trabajo.

Tenía que caminar más de veinte minutos hasta el tendedero, en pleno sol y a veces luchando con el mistral o con la abregada.

Cuando no había redes para remendar, almorzaban los dos en la mesa. Ella le acercaba el plato y el porrón, le ponía la cuchara en la mano y Met sorbía la sopa y bebía el vino mezclado con agua.

Se escuchó una voz de hombre detrás de la cortina de red.

—¿Met?

—Estoy adentro.

El hombre entró. Era Luís de los Cristo.

—Te traigo un puñado de pescado. Es del mío. Hoy no hemos tenido suerte, con la traíña.

—¿A qué hora has ido a sacar?

—He ido hacia las nueve. Había calado ayer a puesta de sol. ¿Dónde tienes a la Caterina?

—A las redes.

—¿Ya has almorzado?

—Ahora lo hacía.

Luís de los Cristo le tocó la espalda.

—Me voy a acostar hasta las dos.

—¿A las dos almorzáis?

—A menudo a las tres tocadas. En casa hay forasteros. Van a la playa con la muchacha. Terminan tarde.

—Yo, a las dos, ya volveré a tener hambre.

—Cuando venga la Caterina...

—Dios sabe a qué hora vendrá.

—... le dices que te fría el pescado.

—Seguro que lo hará sin que se lo diga. Vendrá hambrienta.

—*Bueno,* Met, hasta otra.

—Gracias, eh, Luís.

—¡Quieres callar!

Luis de los Cristo había sido compañeros de traíña de Met. Desde muy jóvenes iban en la misma barca. Tenía dos años más que él y todavía remaba hasta el Cabo Mitjorn y hasta las Cambres donde se encuentran las mejilloneras más famosas de la región, las que crían los mejillones más grandes y más sabrosos. Tenía un bote y una red, e iba a calar por su cuenta. A menudo acompañaba a turistas a la Cova Gran. Remaba cueva adentro hasta perder la claridad del día. Entonces encendía una luz de acetileno y todo el mundo quedaba extasiado ante la maravilla de estalactitas y estalagmitas que esparcían todo de reflejos brillantes. Los extranjeros pagaban bien este espectáculo.

Era un hombre suertudo, Luís de los Cristo. Met suspiró, al compararse.

El sol tocaba de lleno en la calle. El ciego se instaló puerta hacia adentro cerca de la cortina de red. Se estaba muy erguido, con la espalda apoyada al respaldo de la silla, las dos manos encima de las rodillas, la gorra de visera bien calada y las gafas negras encima de la nariz.

Alguien regaba la calle unas puertas más abajo. Debía ser la Gloria.

Terminaron de regar y el silencio y la quietud volvieron a señorearse del vecindario.

Un rato después, unas manos tocaban la red, una voz de hombre joven decía:

—Hola, Met.

Era Joan, el hijo mayor de la Ció. Volvía del huerto con un canasto de tomates.

Dejó un puñado encima de la mesa.

—Decid a la Caterina, cuando vuelva, que os haga una buena ensalada.

—Gracias, chico. ¿También has cogido una sandía, hoy?

—Relámpago de hombre, qué nariz tenéis. Ya os guardaremos una tajada.

II

El auto-correo de Figueras llegó a La Cala con más de media hora de atraso. Venía abarrotado de viajeros, muchos, de pie en el pasillo, y hasta en la entrepierna de los que habían podido sentar-se.

Así que se paró delante de la administración de la S.A.R.F.A., se abrieron las dos puertas con un gran estallido. El chofer saltó al suelo y, acto seguido, el auto empezó a vaciarse.

Al encontrarse con los amigos y familiares que habían ido a recibirlos, los viajeros se libraban a saludos tumultuosos. Los calencos correspondían. Se estrechaban las manos, se daban golpes en la espalda, se abrazaban...

Los coches particulares que bajaban y subían por la Calle Mayor, tuvieron que detenerse. Se produjo un atasco. Los conductores tocaban las bocinas. Nadie se movía. Y el alboroto aumentaba.

Un guardia municipal temporero, con gorra y uniforme galoneados, se desgañitaba y se contusionaba haciendo ir los brazos a guisa de antenas de molino, con desesperada energía.

—¡Circulen! ¡Circulen!

Nadie, ni peatones ni automovilistas, le hacían ningún tipo de caso. Sus gritos se perdían en medio del alboroto ampurdanés, familiar y amistoso.

En la acera de la S.A.R.F.A., algunos hombres desocupados y alegres, habían tomado posición en primera fila. Se distraían contemplando al honrado funcionario con el rostro rojo como un pimiento, empapado de sudor y de desasosiego profesional.

A cada molinillo de sus brazos, a cada giro del torso, a cada cabezada violenta, a cada grito estentóreo: «¡Circulen por favor! Vamos. ¡Circulen!», ellos decían la suya.

—¡Ah, salau!

—¡Ahora va bien, Rodríguez!

—¡Persíguelos como debe ser, relámpagos!

—¡Mételes una multa, tarugo!

Uno de los viajeros se separó pronto del grupo. Nadie había ido a recibirle y él tampoco no parecía esperarlo.

Subió por una calle travesera con pasos poco decididos, como si tanto le diera uno como aquél otro. Lo único que parecía preocuparle era huir del gentío. Y no resultaba fácil conseguirlo. La Cala celebraba la diada de la Madre de Dios de agosto. Las calles principales del pueblo se veían invadidas por una multitud de turistas, comarcales, nacionales y extranjeros.

El forastero avanzaba con dificultad. La acera, obstruida por una gran cantidad de objetos a vender, estaba abarrotada de gente. Se exhibían sombreros y canastos de paja, de todas las medidas y colores, barcas, neumáticos, patines y colchones de plástico, cinturones salvavidas de corcho, pelotas, toallas y túnicas de tejido rizo de colores estridentes, utensilios giratorios o fijos con postales iluminadas de la Costa Brava. Delante de cada objeto expuesto había tres o cuatro embobados. Lo examinaban y lo removían todo, mientras lo comentaban en diferentes lenguas.

Por la calzada, que no era propiamente calzada, más bien torrentera o arenal, centenares de sandalias se hundían en la arena, tropezaban con las rocas, se pisaban y eran pisadas.

El forastero llevaba en la mano una maleta amarilla, deslucida y pelada. Las piernas de los peatones topaban con ella y, de rebote, le golpeaban las piernas a él.

Era el único hombre que iba vestido con calzones y chaqueta de lana, el único que llevaba zapatos y calcetines. Llevaba el vestido arrugado y lustroso, el calzado, usado y sucio. Bajo el polvo reciente, se descubría el barro antiguo, seco y encastrado al cuero.

La calle, como la mayoría de las calles de La Cala, era demasiado estrecha, se había construído muchos años atrás cuando calculaban que pasarían tres o cuatro personas por hora. Aquella mañana pasaban miles.

Autos y motos, triciclos comerciales y bicicletas, se abrían difícilmente paso, a toques de bocina y de claxon, a menudo a gritos.

En uno de los establecimientos nuevos exhibían blusas de nilón, faldas de tergal y de terlenka, en forma de tubo o acampanadas, pantalones tejanos para hombre, para mujer y para niños, cremas y líquidos para suavizar y broncear la piel, y, sobre todo, postales de colores.

Al llegar delante, los grupos de embobados, se hacían más compactos.

En el estanco ya no quedaban sellos de peseta. Los remitentes tenían que franquear cartas y postales con combinaciones complicadas de viejas series de veinte y quince céntimos. La resaca humana, hombres y mujeres de todas las razas, iban y venían del mostrador a la puerta, de la puerta al mostrador. Salían con las manos ocupadas con vistas de La Cala, paquetes de tabaco, cigarrillos de cualquier marca, cerillas...

En las tiendas de comestibles se formaban largas y desordenadas colas, se extendían hasta la acera. Algunas mujeres del pueblo habían dejado pasar las primeras horas de la mañana en conversaciones interminables en medio de la calle y, al darse cuenta que hacían tarde, que el almuerzo no estaría a punto cuando el marido, hambriento y quejoso llegaría, se abrían paso entre los otros parroquianos a golpe de anca y de codo. Agitaban la cabeza y los brazos, gritaban impacientes:

—Ahora soy yo, por favor, Ciset.

—Antes estaba yo, chica.

—¿A quién le toca, a ver?

Se alzaban tres o cuatro voces.

—¡A mi!

—¡A mi!

—¡A mi!

El tendero vacilaba.

—¿En qué quedamos?

—Soy yo.

—¡No, que soy yo!

—No las escuches. Me toca a mí.

Ciset, también se ponía nervioso poco o mucho.

—Antes poneros de acuerdo, mujeres. Después, ya hablaremos. – Y comenzaba a despachar a un extranjero.

Entonces, todas juntas se giraban contra el tendero.

—¿Qué se ha creído, este mierdoso?

—¿Dónde va el mal educado?

Se hablaban entre ellas.

—Cada día nos sube la mercadería y ahora, regañinas, por si fuera poco.

—No galleará tanto en el invierno cuando se fastidie de frío y de asco.

El tendero alarmado, se disponía a atenderlas.

—¿Qué es este alboroto, mujeres? Anda. ¿Qué quieres tú, Mercè?

Repentinamente calmada, la mujer respondía.

—Dame medio quilo de arroz.

Se lo empapelaba, se lo pesaba y se lo daba.

—¿Y tú, Ciseta?

—Una libra de tomates.

—Ahora soy yo –gritaba la Roser.

—¿Qué pondremos?

—Tres onzas de azúcar y un trozo de jabón Jabalí.

En resumidas cuentas nada, lo que ganaba con las mujeres de los pescadores. Sólo servían para hacer ruido. Con los extranjeros era otra cosa. Esperaban en silencio y despendían bastante moneda.

Aquel esperar y esperar delante de las cestas de judías tiernas, tomates, melocotones, uvas, higos, limones y todo un bien de Dios de otra fruta y verdura, formaba parte del programa de vacaciones. Lo mismo ocurría en casa de los pasteleros, delante de las bandejas colmadas de pasteles cubiertos de manteca, chocolate, confitura y caramelo. Con sólo oler el aroma de limón, de vainilla y de azúcar quemado que se exhalaba, se les hacía la boca agua.

Esperar mirando y oliendo, resultaba una manera como otra de pasar el rato. Tiempo, les sobraba. Muchos iban a las tiendas con el único propósito de matarlo. Otros, realmente hambrientos y golosos por tantas cosas comestibles como se exhibían.

Los tenderos de La Cala, desde que el pueblo entero vivía exclusivamente del turismo, se habían puesto a estudiar idiomas. Chapurreaban el francés y el inglés y, hasta unas palabras de alemán, las justas para hacerse comprender con los clientes.

De mayo a octubre olvidaban el catalán, lengua comercialmente descuidada. Sólo lo hablaba algún gerundense romántico o despistado y las mujeres de los pescadores, siempre apresuradas, regateadoras, discutidoras y gritonas.

En el verano, todo era: Bon jour, madame, au revoir, monsieur, good morning sir, Good bye, sir, thank you, madam. Gute morgen, auf viedersehen, danke sehr.

Los «bon dia» y los «adéu siau» los reservaban para el invierno cuando[127], sin trabajo y con frío detrás del mostrador, veían entrar algún calenco en la tienda.

El forastero había divisado, a su paso, una coca de chicharrón cubierta de piñones. Le apetecía quién sabe cuánto y hasta le procuraba una especie de enternecimiento que le enteló un momento la vista. Pero no tenía suficiente decisión para disputar un lugar en la cola de los golosos ciudadanos de los países del norte. (Se adivinaba que lo eran por el color de piel, de un rojo de langostino, y los cabellos de diferentes matices de rubio).

Los alemanes y los ingleses que se embutían en las pastelerías, compraban los croissants y los brioches a quilos. A los franceses, les atraían más los *xurreros*. Adquirían cantidades astronómicas de patatas fritas. La gente aseguraba que se alimentaban casi exclusivamente de ellas.

Al llegar arriba de todo de aquella calle tan concurrida, el forastero dejó la maleta al suelo, se sacó del bolsillo un pañuelo sucio. Se secaba el sudor de la frente, de las mejillas, de la nuca.

Volvió a coger la maleta, giró a la primera esquina, la de una callejuela casi desierta. Casas humildes, bajas y emblanquecidas, se alineaban en cada esquina, puertas y ventanas protegidas por cortinas de red o de saco.

Gatos perezosos descansaban a ras de pared o cruzaban calmosos el arenal. Los chiquillos, juguetones, los perseguían. Se escuchaba un maullido o un marramao seguido de una risa o de un grito.

Un grupo de chiquillos y chiquillas jugaban a turistas. La arena de la calle, mezclada con tierra les servía de mar. Nadaban con entusiasmo levantando una gran polvareda. Después se echaban cara hacia arriba con los brazos extendidos para tomar baños de sol al estilo de las playas. Se habían inventado un lenguaje que imitaba el habla extranjero. Se interpelaban a grandes gritos, riendo y haciendo algazara.

Viejas enlutadas y con pañuelos en la cabeza se sentaban en el paso de la puerta. Pelaban patatas, descascaraban judías, apedazaban vestidos de pescador que apestaban a pescado a media hora lejos. Hablaban ellas solas, entre dientes o quizás decían padrenuestros. De repente alzaban la cabeza, gritaban a los gatos o a los chiquillos.

—¡Estaos quietos!

—¡Pasad para dentro!

---

127 Las expresiones catalanas «bon dia» y «adéu siau» significan buenos días y adiós en castellano.

Al ver al hombre enchaquetado y con botines que pasaba con pisada lenta y pesada, las viejas giraban el rostro curiosas.

Una mujer joven se estaba de pie en una esquina con una criatura en el brazo. Le miró con insistencia. Él apresuró el paso.

Un poco más arriba, dos hombres parados conversaban. Al guiparlo, dejaron de hablar y, al haber él pasado, les escuchó que bajaban la voz y le comentaban.

Volvió al barrio frecuentado por los turistas. Allí nadie se fijaba en él, nadie murmuraba a sus espaldas.

Veraneantes casi desnudos pasaban por su lado, le enviaban vaharadas de carne sudada y efluvios salobres mezclados. Él reprimía una mueca de asco.

La aturdidora llama de sol lo empapaba todo. El forastero se detenía a menudo, se secaba el agua que le chorreaba por el rostro. El pañuelo le enviaba dentro de la nariz, reminiscencias de algún perfume exótico. Entonces los ojos se le hundían más en las cuencas, los labios se le hacían más pequeños, exhalaban un débil suspiro.

Sediento y cansado, caminaba hacia el «Cafè de la Punta» con la intención de sentarse en una mesa y saborear una cerveza. Pero cuando estuvo cerca vaciló. Su mirada tomó una expresión temerosa, desanimada. Cambió de dirección. Salió del Paseo de Mar, buscó un lugar en la balaustrada. Se sentó encima con las piernas colgando hacia fuera.

Veía la amplitud del mar delante suyo. El agua, quieta, a penas ondulada, fulguraba de la tierra al infinito. Las rocas de la punta se destacaban en amarillo.

Uno o dos pescadores de caña se estaban inmóviles, como figuras de pesebre. Dentro del golfo, algunas barcas de vela permanecían como estancadas en el aire quieto. De vez en cuando, hacían una o dos cabezadas y volvían a quedar quietas. Entre La Punta i el Cap Mitjorn, uno aquí, el otro allá, algunos botes que brazos perezosos manejaban a golpes de remo, iban, venían, se cruzaban.

Hacia ponente, las pinedas y la franja resplandeciente de las playas se difuminaban en una espesa niebla calinosa.

De vez en cuando, un leve golpe de aire fresco llegaba de las lejanías marinas. El forastero abría la boca para aspirarla.

Girado como estaba, de espaldas al pueblo, no veía los nuevos edificios del Paseo, altos y pretensiosos: los hoteles: «Xaloc», «Mar i Cel»,

«Cala Xamosa», ni el grupo amarillento y mate de las casitas de los pescadores resguardadas a la sombra de la iglesia. Ni las barcazas de la traíña arrellanadas en la playa, a ras del mar.

Débiles e irreales, como el eco de otro planeta, llegaban, uno no sabe de dónde, voces y rumores lejanos.

Testimonios de una realidad inconmovible, las olas, medio adormecidas, se hacían y se deshacían al pie de la pared de contención.

Efluvios de marisco y de algas podridas, recalentadas por el sol, exhalaban fétidas emanaciones que el forastero aspiraba con una cierta complacencia.

Todo aquello era nuevo para él, y, a la vez, viejo, viejísimo, casi eterno, igual que si lo hubiera vivido en vidas pasadas o lo tuviera que vivir en vidas futuras.

Un grupo de chiquillos se acercó a la balaustrada. Comentaban a gritos un film y una actriz, acompañando los comentarios con palabrotas y risas.

El forastero recogió la maleta que había dejado cerca suyo, saltó de un salto al suelo y volvió a caminar. Tenía los ojos deslumbrados, los labios secos.

Como empujadas por una fuerza incontrolada, sus pasos le llevaron hasta la puerta de los Llànties. Al estar delante vaciló. Su mirada expresó de repente una decisión desesperada.

Alzó la cortina de red y gritó.

—¡Biel!

Nadie le respondía.

Caminó unos pasos hacia dentro.

—¡Biel!

—¿Quién hay? –decía desde el fondo de la casa una voz de mujer.

En el comedor, la familia Llànties estaba sentada alrededor de la mesa, hombres y mujeres mezclados.

—¿Quién pedís? –preguntó la ama de casa al ver al hombre de la maleta.

—¡Rafel! –exclamó Biel, y se levantó de un salto. Se dieron la mano.

—¿De dónde sales?

Como excusándose de haber entrado, Rafel murmuró:

—No he osado ir a casa.

—Has hecho bien.

Los Llànties habían suspendido la comida. Con los tenedores al aire, miraban al forastero desalentados.

Nadie le había invitado a sentarse. Rafel se dejó caer en una silla, la única que quedaba vacía en la habitación. Suspiró:

—¡Estoy muerto!

Una de las mujeres jóvenes le miraba como espantada. Él la había reconocido de repente, era la Roseta Pitiua. La hermana de Biel, la Llúcia, le miraba también de reojo, con curiosidad y desconfianza. La escandalosa aventura de Rafel y Mabel había helado el corazón de las muchachas casaderas. La Llucieta era una. Y mira por dónde que el «chico guapo», cuando ya nadie se acordaba de que en el mundo estuviera, volvía, mustio, abatido, desgarbado, sucio...

—¿Ya has almorzado? –le preguntó Biel.

—No.

Biel se levantó y fue a buscar un plato y un cubierto.

—Hazle un poco de sitio, Llucieta.

La muchacha hizo correr la silla y el plato.

—Siéntate y come, después ya hablaremos.

Martí parecía querer hacerlo seguidamente. Pero se lo repensó y lo dejó estar.

Rafel acercó la silla a la mesa, Biel le sirvió un plato de arroz. Con una sonrisa de satisfacción, le señaló una de las dos mujeres jóvenes.

—Es la Roseta, ¿no la recuerdas? Nos hemos casado.

Ella bajó la vista, torció el morrito igualmente que un año atrás cuando todavía festejaban y Biel se paraba a conversar con Rafel.

La Llucieta comía toda encogida porque Rafel estaba muy cerca, y ella iba con cuidado de no fregarle el brazo con el codo.

Los padres de Biel, Martí y Magdalena, permanecían con la cabeza gacha. Evitaban mirar a Rafel cara a cara. Era evidente que su llegada no les procuraba ninguna alegría.

Rafel masticaba y engullía con una especie de avidez, pero sin nada de gozo. Nadie había pensado en ofrecerle pan y él no osaba pedirlo.

—¿Quieres ensalada? –dijo Biel al cabo de un rato.

—No, gracias. Un poco de pan, por favor.

—Vaya, chico, no lo pensé, dispensa.

Le alargó una rebanada de pan y Rafel le clavó los dientes con deleite. Era lo primero que comía de regreso a su tierra. Tenía un gusto indefinible.

—Trae la sandía –dijo la ama de casa dirigiéndose a la nuera.

Antes que Roseta se levantara, Llúcia ya lo estaba.

—¿La habéis puesto al fresco? –preguntó Martí.

—Tú dirás.

Magdalena cortó la sandía, la había probado y declaró:

—De primera.

El olor encantador y azucarado se esparcía por el ambiente. Magdalena repartía tajadas una a cada uno. Llegó el turno a Rafel, se la dio sin mirarle.

Él balbuceó:

—Gracias.

Todos sorbían y chupaban con gusto. El jugo abundoso, se les esparcía por las mejillas, resbalaba mentón hacia abajo.

Biel se levantó secándose las manos y la cara con un pañuelo. Miró a Rafel.

—¿Vamos al café?

Rafel lanzó una mirada sesgada a la maleta.

—De momento, déjala ahí –dijo su amigo–. Volveremos a recogerla.

Se dirigió a Roseta:

—Al atardecer te vendré a buscar para ir a dar la vuelta.

Roseta asintió con la cabeza. Ni ella ni Llúcia habían abierto la boca desde que Rafel estaba allí.

Sin decir ni una sola palabra, los dos hombres llegaron al Cafè de la Punta. Biel pidió dos cafés.

Cuando tuvieron los dos vasos encima de la mesa, Biel fijó su mirada en Rafel.

—¿Cómo te ha ido por aquellas tierras?

Rafel movió la cabeza.

El roquedal de La Punta se veía teñido de amarillo del sol y, más allá, la inmensa curva del golfo era de un verde azulado.

No soplaba ni un aliento de aire. El calor era asfixiante.

Sorbían el café sin hablar. Biel sacó un paquete de cigarrillos de bolsillo.

—¿Quieres fumar?

—No.

Volvían a callar. Biel repitió la pregunta.

—¿Cómo te ha ido por aquellas tierras?

Añadió:

—Mal, supongo.

—Te lo explicaré en otro lugar. Aquí no podría.

Biel pagó los cafés. Se levantaron y se pusieron a caminar. Iban bien despacio a lo largo del Paseo de Mar. A cada tres o cuatro pasos se paraban, se secaban el sudor de la frente, de las mejillas, de la nuca. Después, el de las manos.

—¿Siempre hace este calor? –preguntó Rafel.

Biel estalló a reír.

—¿Ya no te acuerdas de los veranos de La Cala?

—No había sufrido tanto como hoy.

—¿Hechas de menos el clima de Londres? –dijo Biel, mofeta.

Volvían a caminar.

—¡Cuántos hoteles! –exclamó Rafel mirando de reojo un grande edificio nuevo que llevaba el nombre pomposo de «Hotel Solàrium».

—Sí, cada año abren dos o tres. La Cala prospera.

—¿Y, tú?

—Yo también.

—¿Todavía trabajas para los Llofriu?

—Les llevo el camión y, de pasada, hago algún negocio por mi cuenta.

—¿Alfalfa?

—Alfalfa y cebada y alguna tontería más. Me tengo que espabilar, chico.

Añadió con cierto orgullo:

—Pronto seré padre.

Rafel escuchó la noticia con indiferencia. Biel insistió.

—Tengo a la Roseta preñada. ¿No te has fijado?

Rafel movió la cabeza sin comentarlo.

Al final del Passeig de Mar había una caleta encuevada en un roquedal musgoso, con una estrecha playa sembrada de latas de conservas vacías y oxidadas, harapos, algas podridas, mezcladas con rocalla y conchas de mejillón. El sol tocaba de lleno y, con la ausencia total de aire, las emanaciones que subían del fondo, eran asfixiantes.

Rafel empezó a bajar por el sendero pedregoso y deslizante que había.

—¿Dónde vas? –preguntó Biel, extrañado.

—Aquí estaremos tranquilos para hablar. Nadie vendrá a estorbarnos.

Se sentaron en unas rocas a ras mismo del agua. El mar estaba calmado, deslumbraba como un espejo.

—Ahora —dijo Biel, impaciente—, dime lo que te ha pasado.

Rafel lanzó una mirada desesperada a su compañero.

—¿Lo que me ha pasado?

—Sí. Explícamelo todo, con pelos y señales.

III

Desembarcó en el puerto de Newhaven con otros tripulantes del barco «Enriqueta» matrícula de Palamós, a bordo del cual había trabajado durante la travesía.

Algunos de sus compañeros deseaban dar un vistazo a Londres. Decidieron aprovechar los dos días de permiso que el capitán les daba para coger el tren e ir.

Rafel formaba parte del grupo. Pero, nada más llegar, se apresuró a separarse. No tenía otra obsesión que ir a la búsqueda de Mabel.

—Te perderás –le advirtió el piloto, que también era del grupo, había viajado mucho y conocía Londres.

—Ya me espabilaré. No pases ansia.

—Como quieras, chico. Nos alojamos en «The Silver Crown».

Le alargó una tarjeta con la dirección del hotel.

—Si mañana a las nueve de la mañana no estás allí, no hace falta que nos busques. Ya estaremos fuera por ahí.

—Si no os encuentro, iré hacia Newhaven. Estaré allí mañana por la noche, sin falta.

Mentía deliberadamente. Estaba bien decidido a no volver más a bordo. Si se había enrolado en el barco «Enriqueta» era únicamente para poder llegar a Inglaterra sin tener que pagar el viaje.

Acababa de plantar a sus compañeros en uno de los lugares más concurridos de Londres. Quizás Picadilly Circus, Trafalgar Square, Ragent o Bond Street.

Sin perder un minuto, detuvo a un taxi, saltó adentro. Mostró al chofer la dirección de Mabel que llevaba escrita en un papel con letra perfectamente clara y legible. Pero el taxista, en vez de poner el coche en marcha le abrió la puerta y le invitó a bajar. Explicaba a Rafel algo que él no comprendía. Rael se imaginó que el hombre tenía miedo de no cobrar. Desembolsó unos billetes de la banca inglesa que había cambiado en Newhaven. Los mostraba con insistencia al chofer. Pero el hombre no parecía mucho más convencido. Con pocas palabras y medio por señales, trataba de hacerle comprender que entrara a la estación de «metro», a algunos pasos del lugar donde estaban parados.

Rafel no comprendía por qué aquel diablo de hombre no quería conducirle a la dirección de Mabel. El otro bien que lo explicaba, pero Rafel no le entendía. Estaba tan nervioso que las manos le temblaban al agitar los billetes delante de la nariz del taxista, mientras, sin darse cuenta se había puesto a hablar a gritos en catalán.

Viendo que no podía hacerse comprender del extranjero, el chofer llamó a un guardia, le dio una corta explicación del caso. Con mucha calma, el guardia examinó el papel donde estaba la dirección de Mabel. Dijo.

—Of course.

Saludó a Rafel, poniendo dos dedos de la mano a la altura del casco. Le sonrió diciendo.

—Come.

También le señalaba la entrada de la estación metropolitana. Como que Rafel no se movía, lo cogió paternalmente por el brazo y lo condujo.

Rafel trató de explicarle, con el poco inglés que sabía, que prefería ir con taxi. Pero el guardia no comprendió ni jota de lo que le decía, de la misma manera que él no comprendía ni papa de lo que le decía el guardia.

Finalmente se resignó a ir en «metro». Suponía que en Londres los taxis estaban reservados a los generales, los obispos, los altos dignatarios de la corte, que un ciudadano cualquiera no tenía derecho a usarlos.

Bajó a las profundidades urbanas acompañado del paternal guardia. El cual leyó otra vez el papelito con la dirección de Mabel, lo devolvió a Rafel y se fue directo a la taquilla. Compró un ticket, se lo dio, repitiendo con insistencia:

—Kenton-Harrow.

No quiso cobrar el precio del billete. Rafel insistía a alargarle un papel de media libra esterlina, diciendo:

—¡Please! ¡Please!

En aquel mismo momento llegaba un tren. El guardia lanzó una rápida ojeada al rótulo luminoso que indicaba la dirección, empujó a Rafel vagón adentro, mientras repetía:

—Kenton-Harrow.

El tren arrancó sin que Rafel tuviera tiempo de darle las gracias.

Se encontraba entre un grupo compacto de hombres de pie, la mayoría más altos que él. Rafel no podía leer el nombre de cada estación a través de aquella muralla humana.

Comenzaba a atolondrarse. Había tocado el brazo de un viajero. Le preguntaba:

—Kenton-Harrow.

El otro le señaló un cartel enganchado a la pared del vagón donde se podía leer el nombre de cada estación, colocados por orden. Después, el hombre, continuó leyendo el periódico.

La plataforma se iba vaciando. Rafel vio que en el interior del vagón había asientos libres. Pero él prefería quedarse de pie, vigilando. Iba repitiendo interiormente: Kenton-Harrow, Kenton-Harrow, Kenton-Harrow...

El tren ya no circulaba por bajo tierra. Lo hacía por una inmensa llanura cubierta de fábricas con altas chimeneas humosas, gasómetros, tejares, enormes hangares llenos de mercaderías... Todo aquello era bien diferente del Londres que Rafel había visto al separarse de sus compañeros. Ahora comprendía por qué el taxi urbano no se prestaba a emprender aquel largo viaje. ¿Era posible que Mabel viviera tan lejos del centro?

Al cabo de un buen rato de rodar por la dilatada llanura sembrada de chimeneas, el tren se escabulló por un nuevo paisaje. Se veían campos cubiertos de hierba tierna, grupos de árboles y finos bosques, a lo lejos; el campanario de alguna iglesia; casas bajas con tejados rojos. El tren se detenía en pequeñas estaciones y se iba seguidamente. Subía y bajaba muy poca gente y el vagón quedó casi vacío.

De repente Rafel leyó: Kenton-Harrow. Se precipitó fuera del vagón con la maleta en la mano. Siguiendo a otros viajeros, no muchos, subió una escalera y salió del edificio. Se quedó parado en la acera sin saber qué dirección tomar. Si aquello que veía era todavía Londres resultaba un Londres inmenso. Kenton-Harrow era un barrio tranquilo, más bien provinciano. Circulaban autobuses y turismos, pero mucho más espaciados que en Londres. Gente, también la había menos.

Rafel mostró el papel a un viandante. Este lo examinó y, seguidamente, se lo devolvió.

—I am sorry.

Y siguió su camino.

Un poco más allá, Rafel detuvo a una mujer baja y regordeta que tenía un ademán adorable. Lucía un sombrero llamativo con un lazo de color rosa. Llevaba un capazo lleno de verduras. Rafel le mostró el papelito acompañando el gesto con una sonrisa.

—Please, Madam.

Después de haber leído la dirección, la dama comenzó a darle todo tipo de explicaciones, acompañadas de bastantes movimientos de brazos y de cabeza. Hablaba de prisa y Rafel sólo pescaba una palabra por aquí por allá: «Left, right, behind...» Pero cuanto más la mujer hablaba, menos él la comprendía.

Le dio las gracias y volvió a caminar, seguramente en dirección contraria a la buena.

Se giraba para ver si la mujer le observaba: el sombrerillo reluciente le servía de guía. La mujer iba de prisa por la acera opuesta. Ya no se debía acordar de él.

Rafel se empezaba a desanimar. Habría querido abandonarse en uno de los bancos que bordeaban la avenida y allí esperar a que alguien se compadeciera de él y le ayudara a encontrar Muset-Avenue. Presentía pero, que habría podido quedarse sentado tarde y noche sobre el mismo banco, y hasta morirse, sin que nadie le prestara atención. Era mejor caminar en cualquier dirección, continuar parando a transeúntes.

Muset-Avenue no se encontraba lejos de la estación pero Rafel tardó quien sabe el tiempo a llegar. Leyó el rótulo atentamente dos o tres veces. ¡Era la calle donde vivía Mabel! Ahora hacía falta encontrar el número.

La avenida era estrecha y recta, con un asfalto negro y brillante y una hilera de casas a cada lado, todas iguales, todas de un solo piso y con un jardincillo delante.

Rafel caminaba poco a poco, examinaba la numeración. Hasta que encontró el veintisiete, una casa exactamente como todas las otras.

Él se acercó con un gran latido al corazón. Se detuvo muy cerca de la reja y permaneció inmóvil.

Un gran deseo de re-ver a Mabel lo había llevado desde La Cala hasta aquel barrio londinense, a través de Dios sabe cuantas dudas y obstáculos. Y ahora, con unos metros de jardín y una simple pared separándoles, no se decidía a empujar la reja, caminar los siete u ocho pasos que le separaban de la casa y apretar el timbre de la puerta.

Mientras estaba dudando, la puerta se abrió y una muchacha, (no era Mabel) salió al jardín, se le acercó:

Rafel preguntó:

—¿Mabel?

La muchacha movía la cabeza negativamente.

Rafel puntualizó:

—I am a friend of Mabel.

—Mabel is out.

—¿Out?

—She is in Italy.

Rafel sentía una especie de vértigo. Cerraba los párpados, apretaba los labios. Su cuerpo vacilaba. Parecía como si se fuera a caer.

La muchacha le cogió, solícita, por un brazo.

—Come in –dijo.

Él se dejó llevar hacia adentro de la casa. Aceptó sentarse en una poltrona que la muchacha le señalaba. Habría querido decirle alguna cosa, pero había olvidado de repente el poco inglés que sabía. Se sentía tan desanimado que no pensó ni a disimularlo. Se estaba derrumbando en el asiento con la cabeza gacha y los brazos caídos.

La muchacha le miraba con compasión.

—Wait a minute.

Salió.

Rafel dejó ir una especie de gemido. Se habría querido fundir, morir allí mismo y que al volver la amable muchacha que le había recibido, le encontrara estirado y rígido. Que lo hiciera saber a Mabel, y Mabel sufriera remordimientos eternos.

La muchacha volvió con una copa llena de un líquido dorado. Parecía vino rancio. Rafel reconoció la bebida al acercar la nariz: era whisky. Primero mojó los labios, después se lo tragó de un trago.

El whisky le había reanimado. Se veía capaz de ponerse de pie, coger la maleta e iniciar un paso hacia la puerta. Pero, de repente, dejó la maleta al suelo, sacó del bolsillo un papel cuidadosamente doblado. Lo desplegó y lo enseñó a la muchacha. Era la dirección de Pep Fornell, el hijo de un pescador de La Cala. Hacía de barman en Londres.

Ella leía la dirección, iba a buscar un plano de la ciudad, lo desplegaba y trataba de explicar al extranjero el camino a seguir para llegar allí.

Rafel era todo ojos y orejas. Pero no comprendía nada de lo que la muchacha le explicaba. Se le veía tan desalentado, que ella decidió acompañarle.

Se había puesto un abrigo impermeable y un sombrerillo del mismo género.

—Let's go, now.

No se decían ninguna palabra. El inglés de Rafel era tan sumario que no osaba tratar de hablarlo. La muchacha no habría comprendido sus preguntas y él no habría entendido el contenido de sus respuestas. No sabía si la muchacha amable era hermana de Mabel, una amiga o, simplemente una sirvienta.

No pasaban por los mismos lugares por donde él había venido. (¿Quién demonios habría sido capaz de decir las calles que siguió y las vueltas y re-vueltas que hizo hasta encontrar la casa de Mabel? ¡Y todo, para nada!)

Aquel barrio parecía habitado por una clase media acomodada. Las calles eran rectas y estaban limpias, con una hilera simétrica de casas a cada lado, de un solo piso y con el consiguiente jardincillo delante: todas más o menos iguales.

Acostumbrado a la anarquía arquitectónica y urbana de Cataluña, Rafel no salía de su asombro.

Autos y bicicletas se deslizaban por la calzada sin hacer ningún tipo de ruido. No se sentía ninguna radio y nadie hablaba ni se reía fuerte.

Era casi de noche. En los jardines particulares alineados a la derecha y a la izquierda de las calles, trabajaba algún hombre en mangas de camisa: cavaba, arrancaba hierba borda y hojas muertas. No hacía falta mucha imaginación para descubrir que eran los mismos propietarios que hacían de jardineros. En otros jardincillos jugaban los chiquillos sin gritar ni correr. Rafel pensaba que los niños ingleses eran bien juiciosos. Pero a continuación le vinieron otros pensamientos. La dirección que había mostrado a la muchacha amable, compañera accidental y transitoria de sus primeros pasos por Londres, era la del «pub» donde Pep Fornell trabajaba. El mismo padre del barman se la había dado. Rafel no le había dicho que quisiera ir a encontrar a Pep, sólo que tenía ganas de escribirle para pedirle una información.

La muchacha amable había acompañado a Rafel hasta la estación del metro. Le tomó el tiquete y tampoco quiso cobrárselo. Era un trozo de papel que se sacó de la bolsa, escribía: Change at St. George, change at Cornhill, get out at Alde Gate.

—Do you understand?

Rafel no respondió.

La muchacha movía la cabeza medio mofeta, medio compadecida. Le acompañó hasta el puentecillo que atravesaba las vías. Le señaló la de la izquierda. Le repitió dos o tres veces:

—Change at St. George, change at Cornhill, get out at Alde Gate.

Desapareció agitando la mano en señal de despida.

Rafel no había todavía abierto la boca. Primero había pensado que la muchacha amable, compadecida de él, le acompañaría hasta «The Jester Hare», el bar donde trabajaba Pep Fornell. Al ver y reconocer la estacioncilla de Kenton-Harrow se volvió a desanimar. Ahora permanecía con el papel en los dedos y la mirada clavaba en aquellos nombres equivalentes a vaguedades infinitas. Nunca encontraría los lugares que indicaban. Mientras la muchacha amable estaba a su lado, ocupándose de él y mirándole con una especie de fraternal piedad, Rafel no se dio cuenta de la magnitud de su desdicha. Fue entonces que la muchacha amble lo hubo abandonado, que Rafel se sintió solo y perdido en aquel Londres inmenso. Hacía poco que se había puesto en contacto, pero ya lo temía y lo odiaba. Era una ciudad monstruosa, peor que una selva virgen, peor que un mar tempestuoso.

Desde pequeño, había aborrecido La Cala. Siempre había soñado abandonarla, pero, en aquel momento, la añoraba. Allí la gente hablaba una lengua que tú comprendes y los demás te comprenden. Te alagan o te insultan, te hacen muecas o te sonríen, pero no te ignoran, como aquí. Cuando pasan por tu lado, lo menos que hacen es mirarte de reojo, lanzarte un «Ei, Rafel» o un «Ala, chico», que confortan. (Hasta aquel momento no lo había pensado).

Continuaba parado al mismo medio del puente que atravesaba las vías férreas. Recordaba que la muchacha amable le había dicho que hacía falta bajar a la andana izquierda. Pero sin moverse del puente, también podía esperar el tren y, al verlo llegar, tirarse de arriba abajo bajo las ruedas.

Era una idea doblemente estúpida, lo comprendió enseguida. Para tirarse bajo las ruedas no hacía falta hacerlo desde el puente, desde la andana resultaba más fácil y más seguro. Y, después, desde donde estaba no podía materialmente realizarlo. La proyección de objetos en la vía férrea había estado prevista. Grandes superficies de red metálica puestas a lo largo del puente, lo privaban.

Dicho y hecho, decidió bajar por la escalera. En aquel momento llegaba un convoy. Se detuvo un una puerta automática se abrió delante suyo. Para entrar en el vagón sólo era necesario dar un paso. Lo dio con un gesto de saber lo que quería. Nadie no habría sospechado que había pensado suicidarse. Por otro lado, los pocos viajeros que bajaban o subían a la estación metropolitana de Kenton-Harrow, no prestaban ninguna atención a aquello que hacía o dejaba de hacer el hombre de la maleta amarilla. (Él, olvidando por un instante que estaba en Londres, se había esforzado a parecer decidido). Observó los rostros inconmovibles de sus nuevos compañeros de viaje y pensó, con amargura, que, para hacerles perder aquella impasibilidad exasperante, quizás habría hecho falta que, realmente, se tirara bajo la máquina, tal como había insensatamente pensado un rato antes.

Pronto olvidó a sus compañeros de viaje para preocuparse de las dificultades del trayecto. Todavía resultaba más complicado ir de Kenton-Harrow a «The Jester Hare», que del centro de Londres a Kenton-Harrow.

Conservaba los ojos fijos en el papel con las instrucciones de la muchacha amable. Nada en el mundo, ni la misma Mabel, podía interesarle más, en aquel momento, que encontrar a alguien que hablara catalán y, sobre todo, que fuera de La Cala.

No había pensado a invocar a su ángel de la guarda. A pesar de todo, el ángel le condujo, sano y salvo, hasta la bajada de *Alde Gate*. Cierto que había pedido información y estorbado a más de un viajero que fumaba con pipa y leía el periódico de la tarde con evidente interés. Estos, aunque distraídos y zorrudos, no habían dejado de ayudarle.

Una vez hubo llegado a Alde Gate, encontrar «The Jester Hare» no resultó nada difícil.

Rafel entró en el bar con el miedo de un contratiempo. Pero así que se acercó a la barra, el barman le reconoció.

—Córcholis de Rafelet, ¿de dónde sales?

Continuó sirviendo los dos o tres clientes que esperaban a pie del mostrador, los cuales, al escuchar: «Córcholis de Rafelet, ¿de dónde sales?», habían parpadeado ligeramente y contenido un instante la respiración.

A continuación, Pep Fornell abandonó su lugar y fue a abrazar a su compatriota.

—Córcholis de Rafelet –repetía golpeándole ruidosamente la espalda.

Los bebedores le miraban de reojo, un poco alarmados. Pero, por nada del mundo no habrían demostrado ni curiosidad ni sorpresa. Ante todo hacía falta conservar aquel gesto de dignidad británica que les hacía diferentes de todos los otros pueblos del mundo.

—¿Todavía haces de pescador? No te gustaba nada, ya me acuerdo.

También se acordó, de repente, que estaban en Londres y bajó la voz.

—Que Dios me mate si esperaba verte por aquí. ¡Córcholis de Rafelet!

—He venido de tripulante en un barco de Palamós.

—¿Y regresas de inmediato?

Sin esperar la respuesta le plantó porque, en la barra, se habían acercado nuevos clientes.

—Perdona, chico. (Primero había dicho: Sorry).

Algunas mesas y poltronas amueblaban el establecimiento. Rafel fue a sentarse. De tanto rato de estar de pie en la plataforma del «metro», se sentía las piernas flojas.

Por segunda vez, Pep Fornell abandonó su lugar en la barra y volvió a golpear la espalda del calenco.

—Recórcholis de Rafelet. ¿Qué tomarás?

—Quizás comería alguna cosa. Hace horas y más horas que no entra nada en mi cuerpo.

—Sólo puedo servirte bebidas. En este lugar sólo se bebe.

—Un café con leche, entonces.

Pep Fornell estalló a reír.

—Lo siento, chico. De café con leche, tampoco tengo. En Londres y a esta hora para obtener un café con leche tendrías que dirigirte al Foreing Office o entrar de urgencia en un hospital, y todavía con receta. Te serviré un «sherry». Si más no, te animará.

El barman había vuelto a la faena. Entraban nuevos clientes. Generalmente se quedaban de pie, apoyados a la barra. Dos o tres iban a sentarse alrededor de una mesa con los bocks llenos de cerveza en la mano. Cuando los habían vaciado regresaban a la barra y Pep Fornell se los llenaba de nuevo. Pagaban cada vez y volvían a sentarse. Conversaban tranquilamente en voz baja. Rafel no comprendía como podían divertirse sin reír, sin gritar, sin decir «joder» ni «córcholis» ni un triste «re-cristo» o alguna de estas palabras estimulantes y pegar, de vez en cuando, un puñetazo en la mesa.

Él bebía el «sherry» a traguitos. Estaba tan desanimado que la bebida no conseguía reanimarle. Había esperado tanto encontrar a Mabel y reconquistarla a fuerza de besos y caricias... Pero ella estaba en Italia, la bribona. En Italia a divertirse con marineros sicilianos o napolitanos, de nalgas y hombros cimbreantes, piel tostada y cabellos negros engominados, encastados en la frente y en la nuca como el de las pepas de ral. ¡Ec!

No sabía de dónde había sacado estas informaciones tan precisas sobre los «ragazzetti» del sur de Italia. Alguien se lo debía haber dicho y, en aquel momento de desencanto, los evocaba para atormentarse más.

¿Sería Mabel tan estúpida que se dejaría embaucar por uno de estos tipos? ¿O tan degenerada que, harta ya de carne fresca y sana, se entusiasmaría ahora con aquellos mariquitas disfrazados de pescador?

Por otro lado no llegaba a comprender que Mabel pudiera olvidar ni substituir por ningún otro, aquella especie de goce que había encontrado en él y saboreado con tanto entusiasmo.

Pep Fornell volvió a acercarse.

—¿Qué en La Cala, muchos turistas?

—A rebosar.

—Ahora plegaré –le anunció–. Vendrás a casa, cenarás conmigo y mi mujer. Hablaremos de allí. Quiero volver y quizás... Pero ya lo hablaremos en otro rato.

Al llegar a este punto de la historia de Rafel, estalló un trueno y seguidamente empezó a llover.

Ni él ni Biel no se habían dado cuenta del viento que se alzaba ni de las nubes que avanzaban hasta cubrir todo el firmamento.

Al escuchar el trueno y las primeras gotas encima del rostro, (unas gotas como duros de antes) los dos amigos se pusieron a correr[128].

—Vamos a «La Sirena Alegre» –proponía Biel mientras atravesaban el Paseo de Mar. Allí me lo terminarás de contar todo.

Relampagueaba, tronaba y llovía aparatosamente. Subieron por un callejón. Arrimados a las paredes y a grandes zancadas, llegaron a «La

---

128   Los duros eran las monedas de 5 pesetas que se utilizaban en España antes de los euros.

Sirena Alegre». El local estaba lleno de forasteros. Apestaba a vino, a sudor, a tabaco ordinario, a meado. El aire era escaso, asfixiante.

Una radio bramaba música de jazz. El temporal de los elementos y el griterío de los bebedores se mezclaba.

No encontraron ninguna mesa libre. A codazos, Biel abrió una brecha en la muralla humana que ocupaba la barra. Pidió dos cervezas. Empezaron a beber.

—*Bueno*, ¿y cómo terminó todo aquello? ¿No la llegaste a ver a la Mabel? –gritaba Biel a la oreja de su compañero.

Rafel hacía que sí con la cabeza. Alzaba los hombros, movía la mano con un gesto de impotencia. Con aquel ruido no había manera de hablar.

Afuera, la tempestad continuaba. El estallido de los truenos hacía temblar el edificio.

—Apagad la radio –gritó alguien–. Quedaremos todos relampagueados, ¡caramba!

—¿Qué dice ése? –preguntó, también a gritos, un forastero.

—Que quedaremos todos *relampagueados* –explicó el barman.

—¿Y eso qué quiere decir?

—Que la radio atrae la chispa eléctrica –aclaraba un carabinero sabelotodo.

La apagaron un momento y, a continuación, alguien volvió a encenderla.

Todavía había llegado más gente. Aquellos a quien la tempestad cogía por allí cerca, entraban empujando la masa humana, empapados, alarmados, gritones.

—¡Re-cristo, cómo peta!

—Ha caído un relámpago en el campanario.

—Tonterías, han caído.

—Te lo juro.

—Vamos a verlo.

—¿Qué quieres ver, so bestia?

Rafel aspiraba la vaharada de humedad que venía de la tierra sedienta y de los vestidos empapados de los refugiados.

Era una sensación agradable, después de las horas de bochorno pasadas desde la mañana.

Biel vigilaba las mesas. Vio que unos hombres abandonaban una. Se intaló seguido de Rafel. Pidieron más cerveza.

—Ahora explícame cómo terminó todo aquello.

Rafel empezó por suspirar. Después continuó la historia.

Pep Fornell y su esposa no disponían más que de dos habitaciones: el living-comedor y el dormitorio. Los primeros días de estar en Londres, Rafel comió y durmió en casa de ellos. La Mercè le había guarnecido una cama en el diván del living mientras Pep le buscaba una habitación barata en el mismo barrio. Ya estaban al corriente de su drama amoroso y de su obsesión de esperar el retorno de Mabel. Pep no lo aprobaba. Le había aconsejado que volviera a La Cala de inmediato. Aquella moza no le debía querer mucho cuando en vez de ir a juntarse con él, prefería más veranear en Italia. Pero Rafel todavía tenía fe en un retorno al pasado. Se creía capaz de desvelar nuevamente los sentidos de Mabel. A ratos lo dudaba y ya no deseaba sino verla, tirarle en cara su ingratitud, su deslealtad.

Pep Fornell le había encontrado trabajo en un restaurante popular. El trabajo consistía en fregar y secar vasos. Rafel lo aceptó sin entusiasmo únicamente para poder comer y alojarse mientras esperaba el retorno de Mabel.

El caso de Pep Fornell era diferente. Siempre había soñado a ser barman. Para empezar y prosperar en este oficio había aceptado alegremente fregar y secar vasos a cualquier lugar. Lo había hecho, en el pasado, en La Cala, en el Cafè del Coix donde empezó, también, a hacer de mozo. De allí pasó al «Glacier» del Paseo de Mar. Frecuentaba muchos extranjeros. Chapurreaba dos o tres lenguas con más voluntad que ciencia. Era trabajador y alegre, un gran carácter para tratar toda ley de clientes. Al llegar el mes de octubre y asistir a la desbandada de los veraneantes, sin esperar que despidieran al personal, Pep se iba a Barcelona. Encontró trabajo de barman en un café del Paralelo. Allí la clientela también era bastante internacional. Hizo un amigo londinense. Se entusiasmó con ir a Londres. Estudiaba inglés con el método Assimil. Había ahorrado y se pudo comprar los discos. Tenía una voluntad endiablada por aprender y, además, era inteligente. A Londres ya fue con un contrato y, al cabo de un año, volvió a La Cala a buscar a la Mercè. Habían festejado desde jovencitos y nunca nada ni nadie había conseguido separarlos. Se casaron deprisa y corriendo y, también a toda prisa, se fueron a vivir a Londres donde Pep trabajaba en un «pub» que tenía el nombre de

«The Jester Hare». («La liebre bufona», tradujo arbitrariamente Rafel).

Al Pep y a la Mercè no les gustaba Londres. No se sabían acostumbrar. Aguantaban con la esperanza de recoger suficiente dinero y volver a La Cala, montar un negocito. Pep había confiado a Rafel su proyecto: abrir un gran bar en el Paseo de Mar con todos los ajilimojes modernos.

A Biel todos aquellos detalles le cansaban. Interrumpió a Rafel.

—Bueno, ahora háblame de ti y de la Mabel. ¿Llegasteis a veros?

Rafel telefoneaba a Muset-Avenue cada dos o tres días. Preguntaba si la Mabel había vuelto. Siempre le respondían que no. Primero, con mucha gentileza y alguna explicación que no terminaba de comprender. Después, con más brevedad y frialdad. Él continuaba telefoneando periódicamente hasta que ya sólo le respondían: «Not yet», y cortaban de repente la comunicación.

Rafel continuaba fregando y secando vasos con asco, siempre con la esperanza de una reconciliación, y, quién sabe si de un vivir más fácil con Mabel. Hasta que un día, al telefonear a Muset-Avenue y preguntar, casi como un autómata, si la Mabel había vuelto, la voz de la muchacha ex-amable le contestó: «yes». La respuesta sorprendió a Rafel; no supo añadir ninguna pregunta. Cuando comenzaba a pasarle la emoción y, a duras penas encontraba las palabras que buscaba, ya le habían cortado la comunicación.

Aquel día rompió un par de vasos y el supervisor de los lavaplatos le advirtió que si continuaba destruyendo material, tendría que pagarlo. Rafel alzó los hombros porque de repente, el regreso de Mabel le había ampliado los horizontes. Ya se veía reconciliado, viviendo con ella y de ella. No era posible que ninguna mujer no reconociera y no agradeciera su sacrificio al enrolarse en un barco de carga y después a un restaurante para fregar y secar vasos. (A ratos, él mismo se extrañaba, se consideraba casi un héroe).

Con la ayuda de Pep Fornell aprendió a pronunciar con corrección las palabras que hacían falta para pedir que Mabel se pusiera al teléfono. Unas horas más tarde llamaba a Muset-Avenue. La mano le temblaba al marcar la combinación de letras y números.

Quizás respondería la misma Mabel. Entonces le hablaría en catalán. Pero respondió la voz de la muchacha amable. No, Mabel no estaba en casa. Se quedó todo deprimido. Probablemente le había dicho la verdad, pero también podía ser una excusa. ¡Entonces sí que haría falta pensar seriamente en volver a La Cala!

No podía creer que Mabel se negara a hablarle por teléfono después de los sacrificios que había hecho y hacía por ella.

A partir de aquel día llamó diariamente a diferentes horas. Siempre le respondían: «She is out.» Incluso una de las veces le pareció que era ella misma quien aseguraba no estar.

Rafel estaba como loco. Seguía rompiendo vasos y aguantando broncas del jefe de lavaplatos. Se le veía más delgado y ojeroso. Pep trataba de convencerle.

—No pierdas más tiempo con esta moza, jodido animal.

Rafel se obstinaba. Se iría, sí, claro, pero primero quería hablarle. No se mofaría de él, aquella cualquiera. Antes la estrangularía que permitirlo.

Desesperado por no poder hablarle por teléfono, le escribió una carta en castellano. Le decía que acudiera a «The Jester Hare» donde él la esperaría. Le daba día y hora. Mabel no se presentó. Rafel le volvió a escribir: Si no acudía al «pub» indicado se plantaría delante mismo de su casa. Se quedaría allí hasta que saliera, aunque se tuviera que estar un par de días o una semana entera, con las noches y todo.

Finalmente, Mabel, acudió a «The Jester Hare». Cuando llegó, Rafel ya hacía más de una hora que la esperaba. Para poder estar con toda la anticipación necesaria, había pedido permiso al jefe de lava- platos. Era la tercera vez que lo hacía, y éste, enfadado, le dijo que no volviera. Se había quedado sin trabajo.

—Yo me cachondeaba y me re-cachondeaba del trabajo, ¿com- prendes Biel? Lo que yo quería era ver a Mabel.

Primero ni la reconoció. Vestía un abrigo de lluvia muy holgado. Llevaba un sobrero de fieltro que le medio cubría la cara. Ella movía la cabeza como buscando a alguien. Rafel la reconoció de repente. Saltó de la silla produciendo un ruido inusitado que hizo girar el rostro a los clientes, poco acostumbrados a manifestaciones tan poco británicas.

—¡Mabel!

La estrechaba en sus brazos.

—¡Mabel, gracias a Dios!

—No tanta fressa, Rafel[129]. No estar nosotros en La Cala.

---

129   En español fressa significa ruido.

—Vamos a la calle— suplicó él—. Estaremos más tranquilos para hablar..

—Primero bebemos—dijo ella.

Se sentó en una mesa.

—Tú llevar dos copitas de sherry aquí.

Rafel obedeció sin replicar.

—Es ella —explicó con exaltación a Pep—. Ahora quiere dos copitas de sherry.

Pep Fornell no se las quiso cobrar.

—Dile que yo os las ofrezco.

Con una copa en cada mano, Rafel volvió al lado de Mabel.

—El barman, un amigo de La Cala, nos invita.

Mabel le buscó con la mirada. Vio que él también la miraba. Le sonrió, alzando la copa.

Pep saludó con la mano.

—Tu amigo de La Cala muy simpático.

Con mucha coquetería Mabel se quitó el sombrero. Su rubia cabellera perfumada se le esparcía por las mejillas, por el cuello, por los hombros. Todavía la llevaba más larga que en La Cala. Formaba como una cascada de hilos de oro brillantes y ligerísimos. Sólo de acercarle el rostro, el jadeo de Rafel los movía.

Puso una pierna encima de la otra. Lucía unas medias finísimas y unos zapatos muy elegantes. Se sacó de la bolsa un paquete de cigarrillos. Encendió uno. Miraba a Rafel cara a cara, sin emoción.

—¿Tú, bueno?

—Yo no bueno. Yo enfermo de amor por ti.

Ella se apartó la cabellera del rostro con un gesto muy gracioso.

—Vosotros, españoles, siempre vivir un drama.

—¡Mabel! ¡Mabel!, salgamos de aquí. Quiero hablar contigo sin testigos. Quiero que me expliques por qué no has vuelto a La Cala. ¿Por qué no contestas a mis cartas? ¿Qué ha pasado, Mabel?

—Bueno, ahora acabar mi sherry y mi pitillo. ¿Se dice así, eh, pitillo?

Le alargó el paquete.

—¿No? ¿Ahora no fumar, nunca, nunca?

—No he fumado nunca, ¿no te acuerdas?

Mabel se volvió a apartar los cabellos del rostro. Continuaba fumando.

—Ya no te acuerdas de nada de La Cala, ¿no es así?

Añadió con voz sorda:

—Quizás todavía tienes el corazón en Italia..

Apretaba los puños con celosía.

—¿Qué has hecho en Italia?

Ella explicó calmosamente:

—Pasar bien el tiempo. Italia hermoso país. Rapallo, Santa Margarita, Portofino, maravillosas pueblos de pescadores. (Siempre los pescadores, era una obsesión).

Rafel le apretó el brazo con violencia.

Mabel apartó la silla de la de él.

—Pescadores de Santa Margarita dulces y buenos. No violentos y celosos como españoles. Ellos pasear con barca por noches de luna. Cantar canciones de la Italia acompañados con mandolinos. Ellos no hablar nunca de sangre y de muerte.

—¿Salimos? –dijo Rafel, levantándose.

Ella también se levantaba lentamente, como con pesadumbre. Se abrochó el abrigo. No se puso el sombrero. Lo llevaba en la mano, colgando de la ala. Le clavó a Rafel una mirada desconfiada, medio burlón.

—¿Tú no asesinar mi, ahora?

Una vez en la calle, él la cogió por el brazo. Y, un momento, saboreó la felicidad de sentir la calidez de aquel cuerpo cerca del suyo, de aspirar el perfume de aquella cabellera suelta.

Caminaban en la humedad brumosa de una noche de otoño por la calle casi desierta. Parecían dos auténticos enamorados. Rafel no osaba hablar por miedo de romper el encanto. Fue ella quién preguntó:

—Bueno, tú, ¿qué querer decir a mi?

Él casi gimoteó.

—¿Ya no me quieres, Mabel?

—Tu siempre con tu dichoso catalán. ¿Qué querer decir estimar?

Él la agarró por la cintura.

—Quiere decir ser mía como en La Cala, el año pasado.

Mabel le apartó sin violencia.

—¿Por qué ser tuya? Mi nunca ser de nadie. ¡Libre! ¡Free!

Trataba de volver a agarrarla, pero ella no se lo permitía. Rafel, entonces, la cogió por el brazo para obligarla a detenerse.

—¿Ya no te gusto, Mabel? ¿Ya no soy tu hermoso pescador, fuerte y valiente?

Al escucharle repetir aquellas palabras suyas en un tono tan lastimoso, Mabel estalló a reír.

Rafel, furioso, la cogió por el cuello.

—Te estrangularé.

Mabel se deshizo de él de un empujón. Advirtió fríamente.

—Tú, no estar en La Cala, estar en calle London. Cerca haber policemen. Si tu volver a tocar mi, yo gritar. Tú ir en cárcel.

Él se volvió a acercar, humilde.

—¡Mabel! ¡Mabel! ¿Cómo puedes ser tan cruel? ¿No te acuerdas de nuestra felicidad, de nuestro deleite? No ves que lo he dejado todo por ti, mi madre, el trabajo... He hecho de peón en un barco de carga. Estoy fregando y secando vasos todo el día para esperarte..

—¿Qué querer decir, gots?

—Fregar i secar vasos –tradujo él.

—¿De veras, tú fregar y secar vasos por mi?

Parecía que iba a enternecerse pero en el último momento estalló a reír.

—Sí, no te rías –dijo él todo serio.

Le rodeó los hombros con el brazo. Le proyectó el aliento en el rostro.

—Por ti, por ti, con la esperanza de volver a hacerte mía.

Ella le apartó, alzó los hombros.

—Mi no comprender nada de eso. ¿Por qué tú hacerlo?

—Porque te amo locamente, Mabel.

—Si mi amar aún ti, no ir en Italia. Volver en La Cala. Si mi no volver en La Cala querer decir que mi ya no amar ti. Finished, finished. ¿Comprendes?

Rafel la escuchaba con la cabeza gacha, parado en medio de la acera.

Mabel le estiraba por la manga. Aquella actitud tan dramática podía llamar la atención de los paseantes.

—Mi amar ti mucho, entonces. Tú ser my love, my great love, mucho tiempo.

Sin detenerse empezó a contar con los dedos enguantados.

—See, july, august, september, half october... Siempre amando ti y tú amando mi. Mi dar todo para ti. My body, my time, my money. Y un día acabar. Finished. Mi ya no amar más ti. Finished! Finished!

Todo había sido dicho, todo aclarado. Rafel permanecía plantado en la acera con la cabeza gacha.

Mabel le miraba de reojo. Sus labios se plegaban con un gesto de supremo enojo. Le alargaba la mano.

—Ahora separarnos. Tú volver a tu «pub», mi volver a casa mía. Tú nunca más telefonar ni escribir cosas estúpidas. Will you?

—¿Me dejas así?– lloriqueó él. –lloriqueó él.

Añadió:

—Me mataré.

—Tú siempre hablar de morir y matar. Mejor volver a La Cala y ser un pescador valiente. Casar con buena chica de allí.

—Lo he dejado todo por ti –acusó él.

—It is your fault. Mi no te digo de venir. ¿Qué culpa tengo?

Le volvió a alargar la mano enguantada. Rafel no la tomó. Abrazaba desesperadamente su cuerpo, la besaba largamente, en la mejilla, en la frente, en los labios...

Mabel se resignaba con la esperanza de volver pronto a ser libre.

Se la veía deseosa de dejarle y correr en la niebla y la humedad de la noche londinense.

Se secó el rastro de saliva que Rafel le había dejado en el rostro.

—Adiós, Rafel.

Caminó tres o cuatro pasos, acera allá. Se giró un segundo para decir:

—I am very sorry.

Por última vez, Rafel aspiraba el perfume de sus cabellos.

—¿Y ya no volviste a verla nunca más? –Preguntó Biel.

—Nunca más. Estaba como loco. No comía, no dormía, no trabajaba. Me pasaba las horas echado en la cama llorando y renegando. Un día, Pep Fornell vino a verme. Le dije que había terminado con Mabel.

—¿Y por eso te estás en la cama, jodido animal?

Me preguntó si tenía dinero para volver a España. Le respondí que no.

—Irás a la cárcel por deudas. Te expulsarán.

—Que hagan lo que quieran.

—¡Demonios! No quiero que deshonres nuestro país. No quiero que un calenco salga de Inglaterra entre dos policías. Volveré a buscarte trabajo. Trabajarás hasta que hayas reunido lo que cuesta el billete de regreso.

La policía británica no quería prolongarme el permiso de residencia. Pep Fornell lo consiguió para tres meses más. Pero tuve que estarme seis porque no había reunido los chelines que me faltaban para pagar la vuelta.

—¿Tan poco ganas?

—No se gana mucho fregando vasos y botellas. Además, había empezado a beber. Me emborrachaba con *stout*.

—¿Qué es «stout»?

—Una especie de cerveza muy fuerte.

—¡Jodido animal!

—¿Tú, también?

—Es que lo eres mucho y mucho de animal, Rafel. Tu aventura con la Mabel no tiene ni pies ni cabeza.

—Cuesta poco de decir.

—La Mabel era buena para divertirte un par de meses y no pensar más.

—Es que yo la quería, la quiero de veras, a la Mabel.

—Todavía me das más asco. Es una estupidez, una criaturada. Hasta parece que no seas un hombre.

—Pues hombre, lo soy –replicó Rafel medio enfadado.

—Ya empieza a ser hora que lo demuestres.

Después de un rato de silencio, Biel dijo con una gravedad inesperada.

—Es necesario que te de una mala noticia.

—¿De casa?

—Sí.

—Mi madre, ¿quizás?

—No. Tu madre está bien. Es tu padre.

—¿Muerto?

—Muerto no, quién sabe si peor, ciego.

Rafel miraba a su compañero con los ojos abiertos de par en par, las pupilas fijas.

—Quería decírtelo en seguida. He preferido que te desahogaras antes.

—Ciego –repetía Rafel como un autómata–, ciego, ¡él tan trabajador!

IV

La tarde era bochornosa. No se estaba bien en ninguna parte. Met fue a hacer la siesta como cada día, pero se levantó seguidamente.

—Estoy empapado de sudor –dijo a la Caterina.

—Yo no tengo coraje ni de lavar los platos.

Palpando, palpando, el ciego se dirigió a la puerta de la calle.

—No sopla ni una gota de aire.

Ella comentó, desde la cocina:

—Parece que quiere venir gropada[130].

Cogió la silla de Met.

—¿Dónde la quieres, dentro o fuera?

—Fuera.

—Hace resol. Te cuidarás de cocerte.

—Dentro me ahogo.

No se escuchaba ni un grito de los chiquillos, ni un ladrido de perro. Hombres y bestias, viejos y jóvenes, parecían aturdidos por el calor. Las mujeres y las criaturas se estaban dentro de las casas: ellas sin ánimo de mover ni un brazo ni desplazarse, los pequeños, amuermados jugaban a cualquier cosa, como encantados. Los hombres se habían ido al «Cafè de la Punta» o a «Cal Coix». Tomaban carajillos y fumaban caliqueños secándose el sudor de la frente y de la nuca, sin discutir a gritos como lo hacían los otros domingos.

En toda la amplitud del golfo no se veía ni una sola embarcación. Pero, allá, a lo lejos, muy lejos, se vislumbraba la columna de vapor de un barco, derecha, inmóvil, solitaria, como plantada en las profundidades del mar libre.

El cielo y el agua presentaban una claridad blanca, difundida, alumbradora. Encima del Cap Mitjorn, tirando hacia los cerros de Santa Hermínia, una nube negra se destacaba encima de un gran encastillamiento de cúmulos blancos. La nube se iba ensanchando y ali-

---

130   Se refiere a viento de grop.

sando, se mezclaba con las nubes grises y oscuras, se extendía hacia La Cala.

De repente pasó una racha de viento caliente. Arrastraba trozos de periódico, papelinas vacías, harapos, cordones, alguna hoja muerta venida de Dios sabe donde.

Se levantó una gran polvareda. Tierra y arena mezcladas formaban remolinos que corrían y se proyectaban en el aire. Después, se recogían y se esparcían por la calle dejándolo todo anieblado.

Caterina salió de la cocina con las manos chorreando agua. Se las secaba en el delantal. Alzó la cortina de red, miró el cielo.

—Es viento de grop. Encima de los Melindros se ve una gran negrura.

—Si llueve, quizás refrescará –suspiró Met.

Caterina volvió a la cocina; terminó de lavar los platos.

Un rumor lejano se esparció por el espacio como unos bolos gigantes que se persiguieran, tropezaran y se precipitaran cielo allá.

Estalló un trueno, el sol desapareció de repente. Todo el cielo se alisó, se unió en un solo lienzo, gris, negruzco.

—Ha oscurecido de golpe –anunció Caterina–. Hace una especie de relampagueo muy extraño.

Relámpagos y truenos se sucedían cada vez más a menudo. Se hacían más retumbantes.

Comenzaron a caer gotas grandes como duros de antes. Petaban a tierra con ruido de pedrisca.

Met dejó el asiento, extendía los brazos buscando la puerta de entrada. Caterina acudió, le entró la silla.

El resplandor de los relámpagos iluminaba hasta el fondo de la casa. Los truenos trepidaban y rodaban en el espacio, la lluvia caía por el amor de Dios.

Caterina cerró la puerta de cristal.

—Nos ahogaremos –gruñó Met.

—La corriente atrae los relámpagos, que Dios nos guarde –replicó ella.

Llovía a cántaros pero la tormenta parecía calmarse.

De repente fue como si el cielo se abriera. Una claridad deslumbrante lo cubrió todo al mismo tiempo que un estallido de cañonazo hizo temblar la casa hasta los cimientos.

Caterina gritó:

—¡El relámpago!

Olvidando las precauciones de antes, abrió la puerta y salió a la calle. Lo mismo habían hecho la Glòria, la Ció, la Maria, la Gràcia.

—¿Lo habéis visto caer?

—¿Dónde ha ido a petar?

—Poco lo sé, hija.

—Yo diría que cerca.

—Las piernas todavía me tiemblan –declaró la Glòria.

—Yo me he quedado medio ciega –dijo Maria.

—Yo sorda –gemía la Gràcia.

—¿No habéis olido hedor a azufre?

—Claro, borrega, yo tengo la nariz quemada.

—A mí todavía me queman las orejas.

—A mí los ojos me hacen chiribitas.

Se incluyó Cosme:

—¡Córcholis, qué estallido!

La Ció era la más excitada.

—En casa se veían unas chispas que corrían por los hilos eléctricos. Joan se estaba afeitando y le ha estallado una chispa cerca del ojo. Le podía haber fulminado, mi hijo.

—Madre de Dios de los siete dolores–suspiró la Glòria.

La Maximeta llegaba corriendo.

—En casa de los Marc se han quedado sin luz.

Joan salió medio afeitado, todo risueño.

—No os alborotéis, mujeres, no ha sido nada.

De repente una claror vivísima lo permeó todo y una formidable descarga eléctrica estalló encima del pueblo.

Las mujeres se pusieron a correr santiguándose.

—¡San Marco, Santa Cruz, Santa Bárbara no nos dejéis!–gritaba la Glòria.

Met se estaba bien quieto en una esquina del comedor. Escuchó a la Caterina que entraba y cerraba la puerta de cristal.

—¡Jesús!

—Dios te guarde –gruñó él–, ¡podías haber quedado fulminada!

Un rato después lucía otra vez el sol. El cielo estaba cubierto, con unas nubes rojas y amarillas que huían mar adentro.

Todas las mujeres volvían a estar en la calle.

—Dice que el relámpago ha caído en el campanario de la iglesia –anunció la Maria.

—No que ha caído en la pineda de Marc —rectificó la Glòria—. Ha prendido fuego. Suerte del señor rector y del señor vicario que han ido con los escolanos y lo han apagado.

Desde la puerta, Joan comentó mofeta:

—¿Con agua bendecida?

Mientras Caterina y Met se preparaban para cenar, alguien tocó la cortina de red.

—¿Quién hay?

—Soy yo, Biel.

Met sintió una gran sacudida en el corazón. Mi hijo está muerto, pensó, y a hora viene a decírmelo.

Biel había entrado.

—Buenas noches.

—¿Qué pasa? —pidió Met. Y la voz se le anudó.

—Rafel ha vuelto —soltó Biel con la misma tranquilidad que hace un año había dicho: «Rafel se ha embarcado».

Al escucharlo, Caterina exclamó:

—¡Mi hijo!

El ciego no dijo nada.

—He venido a pediros que le perdonéis, Met.

El ciego continuaba callado.

—¿Qué dices, Met?

Met dijo con voz rencorosa.

—No quiero saber nada de este patán.

—Poco es de patán —protestó Biel—. No ha tenido suerte y listos. Es vuestro hijo, el único que tenéis.

—Y mi vergüenza, también.

—Todo aquello ya ha pasado —insistía Biel—. Viene dispuesto a hacer bondad y a ayudaros en lo que pueda.

Se veía el rostro de Met atormentado mientras pensaba la respuesta.

—¿Qué decís? —volvió a preguntar el muchacho Llànties.

—Tendrá que dormir en un colchón, en el suelo —intervino Caterina—. Justamente hoy he alquilado su habitación.

—Le voy a buscar —decidió Biel.

Un rato después Rafel alzaba la cortina de red, bien despacio. Sin decir nada dio uno o dos pasos comedor adentro. Dejó la maleta en el suelo.

Caterina se lanzó a sus brazos. Él sólo tenía ojos para su padre. El ciego, sentado y rígido, mantenía la cabeza bien alta, la gorra calada y los ojos escondidos detrás de las gafas negras, talmente la imagen de la acusación.

Rafel se acercó:

—¡Padre!

Vio que la barbilla y los labios del ciego temblaban.

Cayó arrodillado.

—¡Perdón!

Le puso las dos manos en las rodillas.

—¡Perdón, padre!

Met sentía el peso de aquellas manos. Luchaba con el deseo de tocarlas. Pero continuaba rígido y mudo.

Rafel se levantó. Fue a sentarse en una silla sin dejar de observar al ciego. Le parecía mentira que no le viera.

Caterina iba y venía de la cocina sin saber bien lo que hacía. Las manos y las piernas le temblaban.

Puso dos platos en la mesa, el porrón y el vaso. Llevó una olla de barro y la dejó encima del salvamanteles. La olla ahumaba. Desprendía un olor especial que recordaba a Rafel, su infancia.

—Está colmada –explicó Caterina–. Al mediodía nos hemos comido el arroz y las alubias. Ahora, con el jugo que quedaba, he echado rebanadas de pan.

Se dirigió especialmente a Rafel.

—Está buenísima.

Llenó los platos de los dos hombres.

—Venga, Met, la sopa está en la mesa.

Ayudó al ciego a colocarse en su sitio. Le puso la cuchara en el plato.

—Ve con cuidado de no quemarte.

Señaló a Rafel uno de los dos platos.

—Venga, come.

—¿Y vos?

—Yo comeré de la olla.

—Sorbían la sopa talmente como si quisieran llenar el silencio con aquellos deleitosos sorbos.

Caterina preguntó:

—¿Dónde estabas, chico, cuando caía el chaparrón de hace un rato?

—En «La Sirena Alegre». Nos habíamos refugiado con Biel.

Se volvieron a quedar mudos.

Después de cenar, Met se levantó de la silla. Iba hacia la escalera con los brazos extendidos, la cabeza bien derecha y los pasos arrastradizos. Caterina preguntó:

—¿Te vas a la cama?

—Tengo ganas de acostarme. Ha hecho un día tan bochornoso...

Con la cuchara medio en el aire, Rafel le seguía con los ojos. Se extrañaba de que no encendiera la electricidad. Recordó, de repente, que a Met no le hacía falta.

—Anda, come –dijo Caterina señalando el plato a Rafel.

Pero él escuchaba los pasos de su padre, arriba. Escuchó como cerraba los portillos de la ventana, como chocaba con una silla.

—Tu padre y yo dormimos en tu cama –explicó Caterina–. He alquilado la nuestra. Tendrás que acostarte en un colchón. Todavía tengo que pedírselo prestado a la Glòria. Pero sólo por dos noches. El lunes ya podrás acostarte en tu habitación.

Rafel comía distraídamente. Dejó la cuchara en el plato, clavó la mirada en Caterina.

—¿No ve nada, nada?

—Nada, ni gota, pobrecillo. La ceguera le vino como un relámpago, el día que tú...

—Ya me lo ha explicado Biel, madre.

—Hemos hecho todo lo que hemos sabido. Yo lo llevé a Figueras, no sirvió de nada. Savins le acompañó a Barcelona. Le hizo visitar por un buen oculista. Le pagó el tren y el hostal. El oculista no le quiso operar. Savins dice que le dejó comprender que no había nada que hacer. –Caterina suspiró–. A nosotros, entre médicos y farmacéuticos, nos ha costado el laúd y el huerto.

—¿Queréis decir que los habéis empeñado?

—¡Vendido, borrego!

Rafel agachó la cabeza.

Aquella noche ya no hablaron más de la desgracia.

V

Rafel vivía de nuevo con sus padres. No hablaba nunca de su estancia en Londres y Met y Caterina no osaban interrogarle. Suponían que la ida a Inglaterra había sido un fracaso. No podían calcular ni la magnitud ni los detalles pero suficiente se le veía al muchacho en la magrura, el aturdimiento y el silencio que gastaba.

El chismorreo de las vecinas hacía más dolorosa la curiosidad de Caterina.

—Anda, Caterina, debes estar contenta, ya vuelves a tener al muchacho aquí.

—Sí, gracias a Dios –decía ella intentando escabullirse hacia dentro.

La Glòria esperaba obtener más detalles y explicarlos después a la Maria, a la Ció, a la Gràcia, a la Maximeta.

—¿Cómo le ha ido al Rafaelillo por aquellas tierras?

—Bien, bien...

—¿Estaba en Londres, no es así?

—Sí, en el mismo Londres.

—¿Qué, trabajaba allí? –y la Glòria, al preguntarlo, tomaba un aire sospechoso.

—Oh, claro, ¿cómo querías que viviera todo este tiempo sin trabajar?

—Es raro que no se haya quedado.

—Creo que no acababa de acostumbrarse.

—Es natural. Debe ser tan diferente...

—El muchacho no es nada hablador, ¿sabes? No nos ha contado gran cosa.

—¿Pero bien debe haber encontrado aquella mozuela?

—Pensaría que han reñido.

—¡Virgen! Tan entusiasmado que parecían... Rafaelillo se deber haber desengañado.

—No sé nada.

La Glòria miraba Caterina con las cejas enarcadas.

—Que vivían juntos aquí en La Cala, ¿tampoco lo sabías?

—Eso, sí.

—Se veía bien claro qué tipo de moral gastaba la inglesita.

—Sí, claro.

Al ver que no podía hacerla hablar, Glòria se iba más tiesa que nunca. ¡Que ocultadora se había vuelto la Caterina! «Sí, claro. No, claro». No había quién la sacara de aquí. Y Met todavía hablaría menos y de Rafaelillo no hacía falta esperar ni la más pequeña confidencia. Pasaba raudo como una centella. Si se lo podía ahorrar no daba ni los buenos días. Pero no era necesario que los Sureda hablaran: todo el pueblo comprendía que la ida de Rafel a Inglaterra había sido un desastre. Su aspecto y su actitud lo manifestaban claramente.

A Met le habría gustado que volviera a hacer de pescador. Le insinuó que podría enrolarse en la traíña de Savins o en otra.

Rafel no respondía ni sí ni no. No quería contrariar a su padre, pero estaba bien decidido a no embarcarse nunca más.

Al cabo de algún tiempo de haber vuelto de Inglaterra anunció a Caterina:

—Ya he encontrado trabajo, madre.

—¿Te ha vuelto a admitir el Savins?

—No. Trabajaré en la S.A.R.F.A. De momento iré de cobrador. Más delante de chofer. Haré la línea de Torroella-Figueras pasando por La Cala.

—¿Ya se lo has dicho a tu padre?

—Dígaselo usted.

Caterina se lo dijo. Met no se enrabió como ella suponía. Sólo comentó con un suspiro:

—Nunca le ha gustado hacer de pescador.

—El caso es que trabaje. Que olvide aquella mala púa y nos ayude a vivir.

Rafel aprendía a conducir con Biel. Al llegar a mediados de noviembre ya había obtenido el carnet de primera clase. Podía manejar un camión o un auto de línea. A menudo hacía de ayudante del titular y todo el mundo decía que dominaba bien el volante, que tenía calma y prudencia.

Se había vuelto más huraño todavía que antes. No se hacía con ningún muchacho ni muchacha del pueblo. No bailaba sardanas ni asistía a ninguna fiesta mayor. Sólo iba al cine y al café y aún no muy a menudo.

Alguna tarde, al plegar del trabajo, pasaba un rato a Cal Coix. Se sentaba en una mesa con otros hombres pero no tenía conversación. Ellos se lo miraban de reojo porque no fumaba caliqueños ni bebía *carajillos*. Se pensaban que lo hacía para distinguirse de ellos, para presumir de haber estado en el extranjero. Pero le respetaban porque trabajaba y Caterina explicaba, a quien quería escucharla, que hacía bondad de la buena.

Un día se compró un paquete de cigarrillos rubios. Lo empezó en el patio de su casa mientras Caterina estaba en las redes y el ciego sentado en la puerta de la calle. Encendió uno y comenzó a chuparlo. No se tragaba el humo. Aspiraba el aroma del tabaco cerrando los párpados. Aquel olor le recordaba momentos de intimidad con la Mabel. Hasta le parecía que, al abrir los ojos, la vería cerca suyo, escucharía su voz y su risa: «Tú nadar muy bien como un rana».

Por motivos del servicio, pasaba algunos ratos en Torroella. Alguien dijo que le había visto con una muchacha. Se lo dijeron a la Caterina. Ella lo comentó con el Met.

—Dicen que el muchacho está con tratos con una moza de Torroella.

Met no formuló ningún comentario.

—Haría un buen pensamiento –añadió la Caterina–. En casa, falta una mujer joven.

Quería averiguarlo directamente.

—¿Sabes qué dicen de ti, chico? Que te has puesto con tratos con una chica de Torroella.

Él respondió vivamente:

—Es mentira.

Un domingo por la tarde, Rafel estaba en el Cafè del Coix. Bebía cerveza. Se sacó el paquete de cigarrillos Philip Morris del bolsillo y encendió uno. Lo chupaba y se lo acercaba a la nariz para aspirar el aroma.

A su alrededor, los hombres del pueblo: pescadores, pescaderos, tenderos y saladores de anchoas, saboreaban *carajillos* de coñac o de anís; en todo el ambiente se olía.

Rafel no veía ni escuchaba nada ni nadie. Continuaba oliendo el cigarrillo con los párpados bajos y los orificios de la nariz abiertos de par en par.

Se sintió un batacazo en la espalda.

—¡Hola, chico!

Era Biel.

—Siéntate —dijo Rafel como despertando de un sueño—. Tomarás café.

—Ya he tomado y la esposa me espera. Vamos a dar la vuelta con el pequeño. A Roseta le gusta lucirlo. Lo paseamos en un cochecito todo acolchado, adornado de seda rosa y de randas. A cada dos pasos nos tenemos que detener para que las mujeres le admiren y le hagan caricias.

Lo decía medio serio medio mofeta pero se le veía el enternecimiento.

—Ya irás —suplicó Rafel, acercándole una silla—. Siéntate, hombre, siéntate.

Biel se sentó. Pidió un coñac.

—¿Estás contento en la S.A.R.F.A.?

—Hasta que no me confíen un auto...

—Todo llegará, hombre.

—Ahora, mi padre, ya me habla. Y, en casa, con mi sueldo van más holgados.

—¿Todavía va a las redes, tu madre?

—No hay quién la haga dejarlo. Y eso que cada día le cuesta más sentarse en el suelo.

Rafel dio otra chupada al cigarrillo.

—¿Ahora te has puesto a fumar? —Biel le miraba de reojo.

—De vez en cuando, ¿sabes? Parece que si no fumo la gente me mira de mal ojo.

—Más de mal ojo te mirarán si te ven fumar tabaco rubio.

No se pudo aguantar las ganas de averiguar.

—Me han dicho que estás saliendo con una moza de Torroella.

—¡Córcholis, que chafardera es, la gente!

—Pero, ¿es verdad?

—No.

—¡No hay para tanto, re-dios! Un día u otro...

—¡Nunca!

—No digas de este agua no beberé.

—Pues lo digo, demonios. Para mí las mujeres se han terminado.

—¿Que te quieres hacer fraile?

—¡Mal rayo les queme a todos! De mujeres para acostarse, harto, para ponerles ley, nunca más. Me guardaré como de escaldarme.

VI

Al llegar la primavera, Rafel ya hacía de chofer. Le habían confiado un auto que inauguraba una línea nueva. Iba de La Cala a Figueras directamente, sin detenerse en ninguno de los pueblos intermediarios. Muchos turistas extranjeros se embarcaban. Cuando eran ingleses, Rafel les dirigía la palabra. Les daba informes locales. Les hablaba del tiempo y de los lugares dignos de ser visitados. Ellos le invitaban a beber. A veces le daban alguna propina.

De vez en cuando, tenía algún día libre. Lo aprovechaba para ir a Cala Xica.

Tanto como si nadaba como si se acostaba en las rocas de cara al sol, solía cerrar los párpados. Le parecía que, en abrirlos, vería cerca suyo la grácil silueta de Mabel y la brillantez de su cabellera dorada.

Escuchaba el rumor incesante de las olas que, a veces, diríais talmente que charlotean entre ellas como viejas comadres. Pero Rafel, escuchaba otra voz: «Nosotras, como ranas, no».

Todavía nadaba como una rana. Ahora, sin pesar de otros estilos.

Algún domingo, después de almorzar, se entablaba en el Cafè de la Punta él solo, en una mesa a fuera, de cara al mar. Miraba incansablemente el agua del golfo. Su pensamiento emprendía navegaciones fantásticas que le llevaban a lugares todavía más fantásticos, donde, diferentes tipos de Mabeles le acariciaban la cabellera diciendo: «Tú hermoso y valiente pescador, Rafel».

Para julio le encomendaron la línea de La Cala a Gerona y viceversa. En el viaje de vuelta solía recoger algunos turistas extranjeros a Flassà. Rafel se interesaba únicamente por los ingleses. Así que les escuchaba hablar inglés ya les lanzaba alguna de sus frases: «Fine weather. Is it not?» «Very windy to-day. Don'y you think?»

Habían llegado a La Cala. Rafel había saltado del auto, se dirigía a la administración. Una de las viajeras le detuvo.

—Excuse me, please.

Él la examinaba con curiosidad. Aquel rostro le recordaba alguna cosa, no sabía qué.

—¿Rafel?

—Hola, Rebeca, ¿cómo estás? —dijo él reconociéndola de repente. Se estrecharon las manos.

Pero seguidamente recordó que tenía que hablar con el encargado de la S.A.R.F.A.

—Sorry. I shall see you to-night at the «Cafè de la Punta».

—All right.

Se vieron. Él no le pidió noticias de Mabel y ella tampoco no le habló.

Empezaron a salir juntos cada noche, cuando Rafel plegaba del trabajo. De vez en cuando, también se encontraban un rato a la hora del café, en «Cal Coix». Rafel la hacía sentar en la mesa de los pescadores, la invitaba a beber *carajillos*. Insistía para que Rebeca pronunciara esa palabra. Todos se hacían un hartón de reír, ella, la primera.

Paseaban de noche por el camino de las dunas, a lo largo del mar y de los cañaverales. Se echaban en la arena y él le daba besos y la manoseaba.

—¿A ti también te gustan los pescadores? —le preguntó.

—Of course. I am very fond of fishermen.

—Yo ahora soy chofer.

—I am fond of chauffers, too.

—¿Yo te gusto?

Se puso seria.

—Very, very much. Since the same moment I saw you I felt in love with you. But you only saw Mabel.

—Es que entonces me gustaban las rubias.

—And now?

—Ahora me gustan más las morenas.

—Are you not lying to me? —dijo ella abrazándole y besuqueándole.

Al poseer a Rebeca, a Rafel le parecía que, de una manera u otra se mofaba de Mabel, la hacía sufrir.

Rebeca se mostraba tan apasionada o más que Mabel y también tenía dinero.

La gente chismorreaba.

—El chico Sureda se ha vuelto a enredar con una inglesa.

—¡Relámpagos! Yo diría que la inglesa se ha enredado con él.

—Siempre van juntos.

—No cuando el auto de las tres y media sale de La Cala hacia Gerona.

—Es un decir. Cuando él está libre. Ahora ya no puede coger el bote de Met para pasearla como hacía con la otra.

—Alquila uno y se van de noche mar allá.

—¿Quizás a Las Cambras?

—¡No hace falta ir tan lejos, memo! En medio del mar están bien tranquilos. Nadie va a estorbarlos. Y en la arena también se está bien.

—La lleva al Cafè del Coix y le hace beber *carajillos*. Con la otra iba más a escondidas.

—Ahora se mofa del muerto y de quien lo vela. Va a la suya el «chico guapo».

—Ella coge a menudo el auto de línea y le acompaña a Gerona. Allí le paga una buena comilona en el Perich.

—No se puede negar que este bastardo tiene suerte con las inglesas.

—Como lo habla, el inglés. ¡Quién les iba a decir al Met y a la Caterina que les saldría un chico tan listillo!

—¡Figúrate! De tan listo tiene que hacer de chofer.

—Bastante bien que se gana la vida. Más que haciendo de pescador.

Alguna noche, Rafel y Rebeca iban al «Glacier», ocupaban una mesa bien cerca del mar, allí donde se respira el aire salobre y el olor especial de las rocas cercanas.

Rafel se entretenía con las manos de Rebeca. De vez en cuando, las besaba. Al «Glacier» no iba nadie del pueblo, sólo extranjeros y ninguno de estos se escandalizaba de nada de lo que Rafel y Rebeca hacían o dejaban de hacer. Si algún pescadorcillo de La Cala se acercaba curioso a la terraza del café y estiraba el cuello o giraba el rostro hacia el lado donde se sentaba la pareja, Rafel permanecía impasible. Hacía como aquel que no les conoce. A veces y al sentirse más o menos espiado por los eternos chismosos del pueblo, se mostraba todavía más atrevido con su pareja, como si quisiera desafiarles o darles envidia.

También iban a «El Oasis». Él se presentaba con camisa de nilón de manga corta, o jersey fino de colores vivos y calzones blancos.

Marcel.linet, todavía era mozo allí, pero Rafel ni le miraba. No había olvidado aquel día cuando él aún hacía de pescador, y, buscando a las inglesas con Biel, habían metido las narices y aquel mierdoso del Marcel.linet les echó a la puerta. Ahora, al verle entrar con una inglesa, vestido con calzones blancos y sandalias, el mozo se acercaba respetuoso diciendo con servidumbre:

—¿Mesa, señores?

Rafel exigía un buen lugar cerca de la pista donde tocara el aire y se escuchara la orquesta.

Al hablar a Marcel.linet, lo hacía de una manera impersonal como quien habla a una silla. Y Marcel.linet no parecía nada ofendido, al contrario, miraba al «chico guapo» con gran humildad y admiración.

Rebeca pedía una botella de champán bien fresco. La servían en un recipiente lleno de cubitos de hielo. Se lo bebían bien poquito a poco saboreándolo, absorbiéndolo.

Sólo bailaban las danzas lentas y gansonas. Aquel verano no actuaba el celebre quinteto de Badalona «Los diablos» los cuales, dos años atrás, hacían tanta jarana con las bailadoras a pesar de desafinar como ladrones. Tocaba un trio de guitarras eléctricas con acompañamiento de piano. Músicos y bailadores, a duras penas se movían aturdidos por el calor, amuermados. Encima de ellos, como en un auténtico oasis, las dos tristes palmeras permanecían inmóviles, empolvadas, añoradas de lluvia.

Mientras danzaban, Rafel estrechaba su cuerpo con el de Rebeca, le besuqueaba la nuca y la espalda desnuda.

Se retiraban pronto. Rafel la acompañaba hasta el paso de la puerta del hotel. Y, bajo el mismo gran farol de la entrada, como un desafío a la opinión de los calencos, la besaba largamente en los labios.

—Till tomorrow, darling.

Y el día después buscaban un arenal al resguardo de las cañas o un maizal bien espeso y allí, entre crujidos de arena o rumor de hojas coriáceas, el «chico guapo» satisfacía las ansias amorosas de Rebeca.

Cuando vino el mes de septiembre, Rafel la embarcó en el auto de línea que él manejaba: «La Cala-Gerona pasando por Flassà».

En Flassà la hizo bajar y la acompañó a la estación de tren. Rafel no tenía la obligación de esperarlo, al contrario de lo que pasaba cuando volvía de Gerona y tenía que esperar obligatoriamente, los viajeros que venían de la frontera.

Preguntó al jefe de estación cuánto tardaría en llegar el exprés de Francia.

—Quién sabe el rato –respondió el empleado–; todavía no ha salido de Gerona.

—No me puedo esperar– explicó Rafel a Rebeca–. Tengo que seguir el horario de la línea.

—Go, go –dijo ella con voz resignada.

Le acompañó hasta el auto. Se le lanzó al cuello.

—I will never forget you, Rafel.

—Neither shall I –dijo él acompañando las palabras con un largo beso.

Al verlos abrazados y labio contra labio, los viajeros del auto se entretenían un montón.

—I will, surely come next year –dijo ella besándole nuevamente.

Un chofer de camión detenido delante de un depósito y el del auto de línea Palafrugell-Flassà, observaban a la pareja y reían.

Rafel subió de un salto al pescante. Puso el motor en marcha. Embragó.

—Till next year –le gritó Rebeca agitando el brazo.

Rafel ya guiaba hacia la carretera de Gerona. Sin perder de vista el primer viraje, alzó una mano en signo de despedida. Gritó para dominar el ruido del motor.

—Good by, darling!

Cuando llegó a la primera recta, sacó de un envuelto de papel grasiento, una barra de pan de cuarto quilo con una tortilla adentro. Clavó un mordisco.

Guiaba con la mano izquierda y comía con la derecha. Hasta que no le quedó ni un trozo.

Eructó de satisfacción. Lanzó el papel grasoso por la ventanilla. Se secó con el pañuelo de bolsillo y se puso a silbar el «Tiperary».

Las Eras de Gardilans, 5-IX-65

Dosier pedagógico

Comprensión del texto y análisis literario

1   Analice de forma crítica el título de la obra. Tenga en cuenta la metáfora del clima y los acontecimientos en la obra.

2   ¿Cuál es el propósito de la autora en «Unas palabras al lector»? ¿Qué nos revelan sus quejas y aclaraciones?

3   ¿Es esta una «novela rosa» tal como afirma Bertrana en «Unas palabras al lector»?

4   Qué tipo de narrador tenemos en la obra. ¿Es un narrador fidedigno?

5   ¿Cómo es el tono?

6   ¿Cómo es el lenguaje utilizado en la obra?

7   ¿De qué forma se utiliza la ironía en el texto?

8   ¿En qué época se sitúan los hechos?

9   ¿Qué importancia tiene en el texto que Rafel se dirija en catalán a las extranjeras? ¿Es común dirigirse a los extranjeros en catalán en España? ¿Qué nos revela? Investigue y analice.

10 ¿Qué clases sociales aparecen en el texto?

11 ¿Cuál es la actitud de Rafel cuando se encuentra con las 2 muchachas extranjeras en la playa? ¿Es la esperada? ¿Es sorprendente? Explique.

12 Analice de forma crítica las protagonistas femeninas que aparecen en la novela e indique ¿cuál es el contraste entre las acciones de las protagonistas extranjeras y las mujeres de La Cala? Preste atención a los comentarios, las acciones de los protagonistas y las relaciones entre los hombres y las mujeres.

13 ¿Cómo es la relación que tiene Rafel con sus padres? ¿Es común hoy en día? Explique.

14 ¿De qué forma impacta el turismo en la vida diaria y el ambiente de La Cala? Tenga en cuenta los diferentes lugares que se describen en la novela (los bares, salas de baile, playas, calles, etc.) y las experiencias de los protagonistas autóctonos.

15 ¿Cómo es la relación padre-hijo que se proyecta en la obra? ¿Es esta una relación común hoy en día?

16 ¿Cuál es el significado de los nombres propios de los personajes y de los lugares que aparecen en la obra? ¿Qué importancia tiene?

17 Haga una lista de los estereotipos que aparecen en la novela sobre los/las ingleses/as y los españoles/as. ¿Qué nos revelan? ¿Son populares hoy en día?

18 ¿Qué importancia tienen los comentarios de las vecinas sobre la relación entre Mabel y Rafel?

19 ¿Cómo es la vida doméstica entre Mabel y Rafel en La Cala? ¿Se corresponde con la forma de vivir en pareja de hoy en día?

20 ¿De qué manera afecta el cambio de estación y de tiempo en la vida de Mabel y Rafel?

21 ¿Cómo interpreta usted esta afirmación de Rafel: «Con las esposas de los pescadores ya es otra cosa. Ellas se hacen cargo de mi situación. Me venden el pescado a escondidas del marido.»?

22 ¿Cuál es su opinión sobre la reacción de Mabel una vez terminado el verano y sus deseos de regresar a Londres?

23 ¿Cómo reacciona Rafel ante el dinero que le deja Mabel entes de irse? ¿Qué importancia tiene?

24 ¿Cómo interpreta usted la «ceguera» del Met?

25 ¿De qué manera afecta la vida de Met el quedarse ciego? ¿Qué impacto tiene en los demás personajes?

26 ¿A qué se refiere Mabel cuando le dice a Rafel: «Vosotros, españoles, siempre vivir un drama.»? ¿Está usted de acuerdo?

27 En grupos analicen las descripciones del ambiente y los personajes en la novela. ¿Qué nos revelan?

28 En grupos, re-escriban el final de la novela.

29 En grupos, escojan una escena de la obra e interprétenla.

30 En grupos, imaginen cómo será la vida de Rafel en el futuro y escriban un capítulo más para añadirlo al final de la novela. Hagan lo mismo con Mabel, Biel y los padres de Rafel.

31 En su opinión, ¿Bertrana ofrece una visión optimista o pesimista de los cambios que experimenta la costa catalana durante la época?

32 ¿Cómo se proyecta el viaje y las esperanzas de futuro o la desilusión del protagonista en la obra? Tenga en cuenta en su respuesta las implicaciones del desplazamiento en el contexto de la novela considerando el viaje en términos de pérdidas y ganancias.

33 ¿De qué manera afectan los pre-juicios en la experiencia del viaje de los y las protagonistas de la obra?

34 ¿Es posible viajar sin tener pre-juicios? ¿Cómo se adquieren los pre-juicios? Aporte ejemplos.

35 ¿Qué muestra la obra acerca de las diferencias generacionales?

36 ¿Cómo es la juventud en la novela?

37 Vean la película *La larga agonía de los peces fuera del agua* y hagan una lista de las diferencias que observa entre la novela y el film. Discutan y analicen las diferencias observadas en grupos de 3-4 personas.

38 ¿Qué importancia tiene el significado de los nombres de los protagonistas en la novela y en la película?

39 Comente el final de la adaptación cinematográfica.

40 Inventen e interpreten en grupos un nuevo final para la adaptación fílmica.

MÁS ALLÁ DEL TEXTO

1- Haga una búsqueda en internet sobre los lugares que se mencionan en la obra y dibuje un mapa para situarlos.

2- Escriba una composición o prepare un informe oral sobre uno de los siguientes temas:

    a El impacto del turismo en la costa catalana en los años 60-70.

    b El turismo actual en La Costa Brava.

    c El rol del turismo en las relaciones de género durante el franquismo.

    d El folklore catalán ayer y hoy.

    e Las tradiciones en las diferentes regiones de España.

    f Las adaptaciones fílmicas durante el franquismo.

    g La imagen de la sociedad española en la obra.

    h El rol del viaje en la obra.

    i Los pre-juicios y las ideas pre-concebidas.

    j Las obras escritas por mujeres durante la España franquista.

    k El feminismo y la perspectiva literaria femenina en el siglo XX

www.ingramcontent.com/pod-product-compliance
Lightning Source LLC
Chambersburg PA
CBHW021151110726
47900CB00002B/525